Bernhard Lill, 1968 geboren, lebt als Journalist in Hamburg. Er studierte Geschichte und englische Literatur an der Universität Münster, in den USA und in England. Während seines Studiums reiste er durch Indien. Er war von dem Land so fasziniert, dass er seine Examensarbeit über britische Indienpolitik im 18. und 19. Jahrhundert schrieb. In London arbeitete er als Radiojournalist für den BBC World Service, in Griechenland und Tunesien als Reiseleiter. Danach war er 2 Jahre lang Reiseredakteur bei der Zeitschrift *Brigitte*.

W0175596

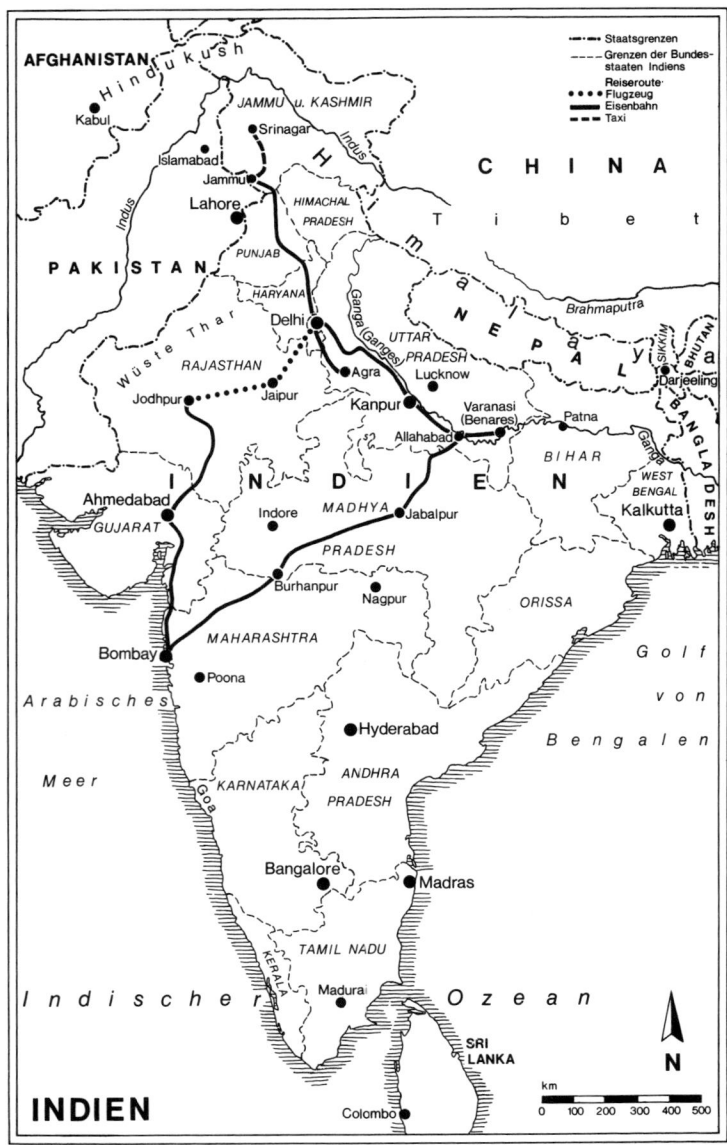

BERNHARD LILL

ZWISCHEN BOMBAY UND BENARES

Mit Bahn, Bus und Taxi durchs nördliche Indien

Seit der ersten Auflage hat sich die politische Situation im Bundesstaat
Jammu & Kaschmir drastisch verschlechtert. Deswegen sollten unbedingt die
Reiseempfehlungen des Auswärtigen Amtes (www.auswaertiges-amt.de)
befolgt werden.

Die Deutsche Bibliothek – CIP-Einheitsaufnahme
Ein Titeldatensatz für die Publikation ist bei
Der Deutschen Bibliothek erhältlich.

NATIONAL GEOGRAPHIC ADVENTURE PRESS
Reisen · Menschen · Abenteuer
Die Taschenbuch-Reihe von
National Geographic und Frederking & Thaler

3. überarbeitete Auflage Mai 2004
© 2001 Frederking & Thaler Verlag GmbH, München
Alle Rechte vorbehalten

Titelfoto: Boris Potschka, Marburg
Autorenfoto: Sandro Magris
Fotos: Bernhard Lill, Gregor Branahl
Karten: Isolde Notz-Köhler, München
Umschlaggestaltung: Atelier Seidel, Altötting
Herstellung: Caroline Sieveking, München
Druck und Bindung: Clausen & Bosse, Leck
Printed in Germany

ISBN 3-89405-064-0
www.frederking-thaler.de

Das Papier wurde aus chlorfrei gebleichtem Zellstoff hergestellt.

Für Eva und Horst

*Mit Dank an Barbara,
Lalinha und Chaled*

Inhalt

*I steal odd moments to gaze
and gaze at the unending glory
of what I never dreamed the world possessed.*

(JACK LONDON The Sea-Wolf)

Wie alles begann…

Träge zieht der Ventilator über mir seine Kreise. Doch die Luft in dem kleinen Raum ist noch immer stickig. So wie vor mehreren Stunden, als ich mich auf das wackelige Bettgestell legte. Die Sitar-Musik, die aus dem Radio von der Straße bis zu mir in den ersten Stock heraufgeschallt hat, ist plötzlich verstummt. Mein Hemd klebt am Körper. Das Fieber ist noch gestiegen. Ich richte mich auf und fische nach den Aspirin-Tabletten. Schließlich finde ich sie in meinem linken Schuh irgendwo unter dem Bett. Wie sind sie da bloß hingekommen? Ach ja, erinnere ich mich, ich hatte sie dort vor den Kindern versteckt, die immer beleidigt waren, wenn sie keins von den weißen »Bonbons« abbekamen. Ich lasse mich zurück aufs Bett sinken. Mit dem Verstummen des Radios hat auch das Schnarren der Autoriksha-Hupen nachgelassen. Die Abenddämmerung setzt ein und taucht den Raum in dumpfes Grau. Plötzlich werde ich aufgeschreckt. Der Wind hat die Fenster aufgestoßen. Als der Rahmen die Lehmwand trifft, splittert Glas. Ein Teil der Scheibe ist geborsten. Ich stehe vom Bett auf, tapse über den Steinboden und schließe das Fenster. Im letzten Licht des Tages sehe ich dunkle Wolken aufziehen. Schwer hängen sie über der Stadt. Die Ladenbesitzer auf der anderen Straßenseite haben ihre Petroleumlampen angezündet und sind dabei, ihre Läden zu schließen. Auch der Verkehr von Radfahrern, Fußgängern, Kühen und Pferden ebbt langsam ab. Als Letzte bleiben die Hunde übrig, die streunend in den Abfallhaufen nach Futter suchen.

Langsam schlurfe ich zurück und setze mich auf die Bettkante. Mein Blick wandert in dem kleinen Raum umher: zwei mit Seilen

9

bespannte Bettgestelle, die die Inder *charpoy* nennen, eine Holzbank, ein paar Bilder an den weiß getünchten Wänden und der Ventilator – das ist die Ausstattung des Zimmers. Am Bild an der gegenüberliegenden Wand bleiben meine Augen hängen. Es ist eine Daguerreotypie, ein frühes Foto, von Königin Victoria; ein Relikt aus der Zeit, als das koloniale England Indien seinen Stempel aufdrückte. Ich drehe mich weg, wieder dem Fenster zu. Es ist kühler geworden. Da, ein Tropfen auf der Fensterscheibe, und noch einer, und immer mehr, bis es schließlich aus allen Rohren schüttet. Es ist Ende Juli, Monsunzeit in Indien, aber schon seit vier langen Jahren, so haben mir viele Inder erzählt, hat es keinen richtigen Regen mehr gegeben in Jodhpur, der Stadt am Rande der riesigen Thar-Wüste.

Seit zwei Wochen lebe ich nun schon hier, und ausgerechnet jetzt muss ich krank werden; jetzt, wo mein Zug nach Bombay in drei Stunden abfahren soll. Der junge Arzt, den ich am Nachmittag aufgesucht habe, wusste mit meinen Symptomen – Fieber, Erbrechen und Durchfall – herzlich wenig anzufangen. Schulterzuckend hat er mir ein Rezept gegeben, auf dem nicht weniger als neun Medikamente verzeichnet sind. Dann schickte er mich zurück, während er mein Blut auf Malaria untersuchen ließ. Es ist dieses Resultat, auf das ich noch warte. Sollte das Ergebnis positiv sein, so hat der Arzt mir versichert, werde er mich unter keinen Umständen weiterfahren lassen. Zwei Wochen, seit ich in Frankfurt auf meinen Flug nach Indien gewartet habe, und wie viel ist inzwischen schon geschehen!

Während der Regen immer heftiger gegen die zerbrochene Scheibe trommelt, verlieren sich meine Gedanken wieder an den Anfang meiner Reise ...

Ruhig flog die Boeing 747 über die zerklüfteten Gebirgsrücken des Balkans, ließ den Bosporus, die oft umkämpfte Meerenge zwischen dem Schwarzen und dem Mittelmeer, hinter sich, korrigierte über Ankara den Kurs auf Südost und steuerte dann auf Teheran zu mit dem Ziel Neu-Delhi.

Die meisten Gäste an Bord waren Inder – Geschäftsleute, die mit ihren Familien reisten. Eine Meute von Kindern erforschte jeden Winkel des Flugzeugs, probierte sich an den Instrumenten der Bordküche, wurde von lächelnden Stewardessen freundlich auf ihre Plätze verwiesen und löcherte den Kapitän mit einer Menge von technischen Fragen, als er die Gäste persönlich begrüßte. Das Flugzeug war bis auf den letzten Platz ausgebucht. Ich saß vor einer Trennwand, die Knie fast an die Nasenspitze gedrückt. Dem indischen Ehepaar neben mir ging es nicht viel besser; allerdings war der Mann gerade dabei, es sich bequem zu machen: Er zog die Schuhe aus, setzte sich in den Schneidersitz, kaute Sonnenblumenkerne und spuckte die Schalenreste durch die Gegend. Die Stewardess quittierte dies alles mit einem nachsichtigen Lächeln. Bestimmt war sie diese Linie schon öfter geflogen. Schräg gegenüber von mir schlief ein kleines Mädchen, tief in den Sessel gekauert. Auf ihrem Schoß thronte ein riesiger Plüsch-Teddybär mit einer roten Schleife um den Hals, der über ihren Schlaf wachte und jeden drohend ansah, der sich in dem schmalen Gang ihrem Sitzplatz näherte.

Auch ich lehnte mich zurück und schloss die Augen. Ich flog auf Einladung eines Freundes nach Indien, den ich erst im Frühling dieses Jahres in Amerika kennen gelernt hatte. Ich hatte an einem kleinen College in Michigan als Sprachassistent gearbeitet, und Surrendar Purohit, ein gebürtiger Inder, der nun als amerikanischer Staatsbürger mit seinen Eltern und seinem Bruder in der Nähe von Detroit lebte, machte zu der Zeit sein *bachelor degree* in Biologie. Irgendwann hatten wir uns zufällig in einem kleinen Café getroffen, das oft von Studenten besucht wurde, waren ins Gespräch gekommen, wie das in Amerika eben so geschieht, und dann hatte er mich eingeladen, mit ihm nach Indien zu fliegen und durch das Land zu reisen. Ich hatte gedacht: »Klar, und dann trinken wir mit Rajiv Gandhi ein Tässchen Tee« – und das Ganze für einen Scherz gehalten. Von jenem Nachmittag an hatten wir uns öfter getroffen und über Gott und die Welt geredet. Surrendar erneuerte seine Einladung noch einige Male, und ich merkte, dass es ihm ernst war. Er hatte mir so eindringlich von Indien erzählt, von Rajasthan, wo der Rest seiner Familie lebte, dem Wüstenstaat mit seinen vielen Festungen und Tempelanlagen, dass ich meine Reisepläne für Amerika an den Nagel gehängt, nach meiner Collegezeit den erstbesten Flug nach Deutschland genommen und dort meine Familie und Freunde noch einmal besucht hatte. Dann regelte ich meine Finanzen und buchte den Linienflug von Frankfurt nach Delhi, in dem ich nun saß. Surrendar und ich sowie Ted und John, zwei andere Amerikaner, hatten uns für Mitte Juli in Jodhpur verabredet, dem Heimatort von Surrendars Großmutter, am Rande der riesigen indischen Thar-Wüste. Jetzt war es Mitte Juli, und ich freute mich, die anderen drei bald wiederzusehen. Ich schaute auf meine Uhr: elf Uhr nachts. Das gleichmäßige Summen der Triebwerke machte mich müde. Wenig später schlief ich ein.

Die Maschine landete in Neu-Delhi um zwei Uhr morgens mit anderthalb Stunden Verspätung. Trotz der Klimaanlagen war die Luft auf dem »Indira Gandhi International Airport« schwül, die Schlangen vor den Einwanderungsschaltern endlos. Männer, Frauen und Kinder schliefen im dichtesten Gewühl von Menschenleibern, Koffern und Transportwagen auf Strohmatten. Touristen wurden im Gedränge von ihren Mitreisenden getrennt, suchten ihr Gepäck, schimpften lautstark oder irrten scheinbar orientierungslos durch die Gegend.

Ich nahm einen Verbindungsbus zum »National Airport«, der ungefähr zehn Kilometer vom internationalen Flughafen entfernt lag. Der Bus war alt. Die Türen klapperten, und alle zwei Minuten brach die Stromzufuhr für die Lampen zusammen. Ein paar Schreibtischventilatoren waren an die Seitenwände des Busses geschraubt und kämpften gegen die Hitze an. Ich wischte mir den Schweiß von der Stirn.

Auf dem Inlandflughafen, der ausschließlich von Indiens »Hauslinie«, *AirIndia*, bedient wurde, wirkte alles improvisiert. Die Anzeigetafeln waren aus Schiefer, die Abflugzeiten mit Kreide aufgemalt. Hinter den meisten Eintragungen stand *delayed* – verspätet –, und das konnte, wie ich später erfuhr, entweder »noch heute« heißen oder »morgen« oder »vielleicht gar nicht«. Mein Flug nach Jodhpur war jedoch *in time*, also pünktlich, und so gab ich mein Gepäck auf und wartete. Der Abflug sollte um sechs sein. Ich schaute auf meine Armbanduhr. Noch zwei Stunden. Ein paar Touristen hatten sich erschöpft gegen die Wand gelehnt und tranken »Campa Cola« – Indiens Antwort auf den großen amerikanischen Bruder, den Indira Gandhi vor etwa fünfzehn Jahren aus dem Land gewiesen hatte: Die Manager hatten sich nämlich geweigert, ihr die genaue Zusammensetzung des schwarzen Getränks zu verraten. Seitdem produzierte Indien verschiedene Cola-Ersatzgetränke: »Campa Cola«, »Thums Up« und einige mehr. Eines hatten sie jedoch alle gemeinsam: Sie waren schwarz, zuckersüß und wenig durstlöschend. Bei der Gepäckannahme gab ein Inder seinen Hund als Gepäck auf, und ein Gaukler bettelte um Bakschisch, um Almosen. Auf seiner Schulter saß ein bunter Papagei, der unverständliche Worte krächzte. Schließlich warf ein Sicherheitsbeamter die beiden aus der Wartehalle.

Aus den zwei wurden schließlich drei Stunden. Ich glaubte schon, meinen Flug verpasst zu haben, da ich das Englisch der Frauenstimme nicht verstehen konnte, die verzerrt aus den großen Lautsprechern klang. Dann endlich winkte ein Beamter mir zu.

»You're going to Jodhpur, aren't you?«, fragte er. *»Then that's your plane.«* – Es war also so weit.

Ein Flughafenbus brachte die Passagiere und mich zu unserer Maschine und ließ ein paar Techniker, die an Turbinen herumwerkten, in einer Abgaswolke zurück. »AirIndia« prangte in orangefarbenen, handgemalten Lettern auf dem Rumpf der Maschine. Ich stieg ein. Drinnen saß ich zusammengekeilt zwischen zwei stämmigen Indern. Einer bot mir eine Hindi-Zeitung an.

»*I guess my Hindi isn't that good* – schätze, mein Hindi ist nicht so gut«, lachte ich. Doch er verstand mich nicht. Also drehte ich die Zeitung auf den Kopf und machte ein ziemlich dummes Gesicht. Da verstand er, lachte ebenfalls und gab mir die *Hindustan Times*. Endlich setzte das Flugzeug zum Start an und hob unbeholfen von der Piste ab.

Nach anderthalb Flugstunden machte der Pilot in Jaipur einen Zwischenstopp; dabei setzte er die Maschine bei der Landung so hart auf, dass ich dachte, wir hätten das Fahrwerk verloren. Ein paar Fluggäste stiegen aus, ein paar andere kamen hinzu. Ein Techniker kam an Bord und reparierte eine Konsole an der Decke; sein einziges Werkzeug war ein großer Schraubenzieher. Kurz vor dem Weiterflug raste ein Jeep unserem Flugzeug auf der Startbahn entgegen. Aus ihm sprangen vier Männer. Sie waren westlich gekleidet mit Anzug und Schlips; drei von ihnen trugen schwarze Sonnenbrillen und sahen aus wie Leibwächter aus billigen amerikanischen Krimis. Vielleicht ein Regierungsbeamter, dachte ich. Dann hob die Maschine ab. Der Pilot hatte jeden Zentimeter der Startbahn ausgenutzt. Kurz nach dem Start kam die Konsole, die der Techniker gerade noch repariert hatte, von der Decke herunter. »Indische Technik«, lachte mich der schnauzbärtige Inder zu meiner Rechten an. Und ich hoffte bloß, dass sich die Wartungsmannschaften bei den Motoren etwas mehr Mühe gegeben hatten.

Zwei Stunden dauerte der Flug von Jaipur nach Jodhpur. Ich schaute aus den bullaugigen Fenstern des Flugzeugs. Ab und zu unterbrach ein Dorf das monotone Gelb der Wüstenlandschaft. Der Pilot flog tief, und manchmal konnte ich einzelne Häuser unterscheiden. Dünne Straßen und Pisten verbanden die einzelnen

Ansiedlungen – wie lebensnotwendige Adern: der einzige Weg für Ärzte, zu ihren Patienten zu kommen, oder für Laster mit Wasservorräten. Die rundliche Stewardess servierte Tee. Dann, eine halbe Stunde später, kreiste der Pilot über Jodhpur. Weit streckte sich die Stadt über die Ebene hin, mitten in der trostlosen, kargen Einöde. Surrendar hatte nicht zu viel versprochen: Selbst vom Flugzeug aus wirkte die mächtige Festung auf der Anhöhe inmitten der Stadt imposant. Nach einer weiteren Schleife landete der Pilot die Maschine auf ähnliche Weise wie in Jaipur. Sie rollte aus und dann weiter zum kleinen Flughafengebäude. Auf der rechten Seite, in gehöriger Distanz zur Landebahn, standen russische MIG-Abfangjäger unter Tarnnetzen; dennoch konnte ich die indischen Hoheitszeichen erkennen. Die Jäger waren eine Erinnerung daran, von wem Indien einen Großteil seines militärischen Materials bezog – von der Sowjetunion. Nur allzu gerne waren die Russen bereit gewesen, den Indern Waffen zu verkaufen, nachdem die Amerikaner sich Pakistan angenähert und jenem alten Rivalen Indiens Waffensysteme geliefert hatten. Als Reaktion schloss Indira Gandhi 1971 einen Freundschaftsvertrag und 1973 einen Vertrag über wirtschaftliche Zusammenarbeit mit der UdSSR – Folge: eine drastische Steigerung der russischen Entwicklungshilfe. Nachdem Indira Gandhi im Jahr 1980 zum zweiten Mal an die Regierung gekommen war, bekräftigte sie 1983/84 die Freundschaft zur Sowjetunion mit einem Lieferungsabkommen, das Indien modernste russische Waffen bescherte. Hier nun, in der Wüste Thar, in unmittelbarer Nähe zum Rivalen Pakistan, hatten die Inder nahe den Städten Jodhpur und Jaisalmer Flugbasen des »Western Air Command« eingerichtet.

Schließlich kam die Boeing zum Stehen. Ich suchte nach meinen Sachen und ließ mich von der Menge aus dem Flugzeug schieben. Draußen herrschte Backofenhitze. In wenigen Minuten war ich durchgeschwitzt. Langsam ging ich zur Wartehalle. Was, wenn mein Brief Surrendar nun nicht mehr erreicht hatte, schoss es mir plötzlich durch den Kopf, oder wenn er überhaupt noch nicht hier war? Doch dann winkte mir plötzlich jemand zu. Dunkle Sonnenbrille, strahlend weißes T-Shirt, verwaschene Jeans – Surrendar. Es war ein merkwürdiges Gefühl, ihn wiederzusehen. Nun nicht mehr in Amerika, sondern in einer völlig anderen Umgebung – mitten in der Wüste. Wir schüttelten uns die Hände. Er war nicht allein gekommen. Der Reihe nach stellte er mir seine Onkel vor. Jemand hängte mir zur Begrüßung eine Blumenkette um, und Surrendar sagte, dass wir heute noch zu einer Hochzeit fahren müssten; ein Verwandter von ihm heiratete in einem kleinen Wüstendorf.

»Meinst du, du schaffst das auch alles?«, fragte er mich schließlich. »Bist du nicht zu müde nach dem Flug?«

Ich lachte. »Nein, mir geht's gut«, beruhigte ich ihn.

»Ach, Ted und John haben eine Postkarte aus Jordanien geschrieben«, fuhr Surrendar fort. »Sie kommen erst am zwanzigsten Juli. Aber ich denke, du wirst dich bis dahin nicht langweilen.« Als wir zum Wagen gingen, atmete ich erst einmal durch. Ich war in Indien.

Eine indische Hochzeit

Der Trommelwirbel steigerte sich zu einem ohrenbetäubenden Crescendo.

Ich lehnte über der Dachbrüstung und fotografierte mit dem Teleobjektiv in den Innenhof des Hauskomplexes hinein. *Klick*, machte der Auslöser der Kamera, und dann in schneller Folge: *klick, klick, klick.*

Auf dem ersten Bild sind die Musiker des *barats*, des Hochzeitszuges, zu sehen. Statt Flöte, Rabab und Dholak, dem Schlaginstrument, strapazieren sie eine alte Trommel und eine Metallbratpfanne. *Bumbada, bumbada,* geht die Trommel, *klank, klank, klank,* die Bratpfanne. Der Trommelspieler ist groß und hager, steckt in einem weiten, rotweiß gestreiften Hemd und wiegt verzückt seinen Kopf im Rhythmus. Seine Begleitung, die die Bratpfanne zum Tönen bringt, ist nur halb so groß, aber nicht minder verzückt. Hinter den beiden hat sich ein Pulk von Kindern angesammelt, die aus vollem Halse schreien.

Auf dem zweiten Bild tritt der Bräutigam aus dem Haus in den Innenhof, ins grelle Licht der Mittagssonne. Er trägt einen orangefarbenen Turban mit Goldverzierungen. Um seinen Hals hängt eine Blumenkette. Sein cremefarbenes Hemd, das offen über die weiße Hose fällt, ist mit Goldfäden durchzogen. Sein Blick ist ernst. Man könnte meinen, er ginge zu einer Beerdigung, nicht zu einer Hochzeit. Bedächtig durchschreitet er den Hof, begleitet von mehreren Frauen in roten, orange- und lilafarbenen Saris.

Das dritte Bild schließlich zeigt einen Mann, der ein silbernes Tablett trägt mit einem Wasserkrug, roter Farbe und einer Art Bal-

Vor der Hochzeit

18

sam. Er steht rechts vom Bräutigam. Eine Frau malt dem Bräutigam mit ihrem Zeigefinger ein rotes Zeichen auf die Stirn.

Ich machte eine Pause und wischte mir die schweißnassen Haare aus dem Gesicht. Die Sonne schien mit voller Wucht vom Himmel herab. Nach der Fahrt vom Flughafen hatte mir Surrendar noch seinen Vater vorgestellt, der mit seinem zweiten Sohn, Raja, ebenfalls aus den USA nach Jodhpur gekommen war. Dann hatte ich eine Stunde Zeit gehabt, mich frisch zu machen. Doch an Schlaf war nicht zu denken gewesen. Die Kinder von Surrendars Verwandten waren in den Raum mit meinem Bettgestell gekommen, um sich den Fremden anzusehen. Als sie genug gesehen hatten und ich endlich die Augen aufmachte, liefen sie kichernd fort. Das gefiel ihnen so gut, dass sie die Prozedur eine Stunde lang wiederholten. Schließlich gab ich meine Schlafversuche auf. Und dann fing auch schon der erste Teil der traditionellen Hochzeitszeremonie an: Was ich eben in Fotos festgehalten hatte, war der Auszug des Mannes aus dem Haus seiner Eltern gewesen, der sich nun auf den Weg machte, seine Frau zu holen. Surrendar, seine Verwandten und ich würden ihn in das Wüstendorf begleiten, wo seine zukünftige Frau auf ihn wartete. Auch dies war Teil der Zeremonie.

Ich stieg über eine steile Treppe von der Dachfläche des Hauses hinunter und kletterte nach dem Bräutigam zu Surrendar in den Wagen. Das Auto war eigens für diesen Tag gemietet. Es gab nicht viele Autos in Jodhpur. Der Verkehr wurde von Fahrrad- und Mopedfahrern, Kamelen und Kühen bestimmt – und von den kleinen dreirädrigen Autorikschas, den Taxis, die mit ihrem gelbschwarzen Anstrich hornissengleich durch die Gegend schwirrten.

Im Wagen war es eng. Babut, der Bräutigam, saß in der Mitte. Der Ziersäbel lag achtlos irgendwo zu seinen Füßen. Sein Blick war starr geradeaus gerichtet auf einen imaginären Punkt hinter der Windschutzscheibe.

»Vielleicht genießt er die letzten freien Stunden vor der Hochzeit«, erntete er die spöttische Bemerkung eines Verwandten. Und Surrendar meinte, das sei gar nicht so abwegig, denn indische Hochzeiten sind *arranged marriages,* von den Eltern arrangierte Hochzeiten, bei denen sie die ihnen genehme Braut oder den passenden Bräutigam für ihr Kind aussuchen. »Liebe kommt mit den Jahren« ist ein indisches Sprichwort und könnte sicherlich als Motto für viele traditionelle indische Ehen gelten. Vielleicht war es wirklich das, woran Babut dachte.

Nachdem der Bus gekommen war, der die anderen Verwandten abholen sollte, fuhren wir hupend los durch die engen Gassen der Altstadt, durch das Moslemviertel mit seinem Heer von Kindern, über belebte Hauptverkehrsstraßen, bis wir schließlich die richtige Ausfallstraße erreichten, die uns in die Wüste führte. Die brennende Sonne am Himmel betonte alle Konturen stärker, als ich es je bisher wahrgenommen hatte: das stechende Weiß der Lehmhäuser gegen den wolkenlosen azurblauen Himmel; die roten, gelben und orangefarbenen Gewänder der Frauen gegen das helle Braun der Erde; der metallene feste Rumpf des vorbeifahrenden Wagens gegen die schemenhaft verwischten Buschgestrüppe am Straßenrand. Am Stadtrand von Jodhpur war das Straßenbild noch abwechslungsreich. Wir überholten alte Überlandlaster, die mit bunten Girlanden und Plakaten geschmückt waren; Kamelkarren, deren Fahrer uns gleichmütig hinterher blickten; Mopeds und gelegentlich eine Fußgängergruppe, die zu irgendeinem Dorf in der Nähe unterwegs war. Manchmal waren es Familien, manchmal, so schien es, Großväter mit ihren Enkeln und manchmal Frauen, die Wasserkrüge auf ihren Köpfen balancierten. Je weiter wir in die Wüste hineinfuhren, desto spärlicher wurden diese Begegnungen und umso wohltuender waren sie, da sie wenigstens zeitweise die Monotonie der Landschaft unterbrachen. Die Straße war schmal und schnurgerade und führte ins Nichts und kam aus dem Nichts, und um uns herum war das Nichts der kargen Landschaft: ein paar Büsche, ab und zu ein einsamer Baum, von dem ich nicht wusste, wie er in dieser trostlosen, ausgetrockneten Umgebung überleben konnte. Und über dieser großen Ansammlung von Nichts spannte sich endlich weit der blaue, wolkenlose Himmel. Zwei-, dreimal passierten wir ein Dorf am Rande der Straße und ließen eine Hand voll Menschen, Ziegen und Lehmhäuser in einer Staubwolke zurück. Durch die Rückscheibe des Wagens sah ich, wie die Männer uns lange hinterher blickten, bis ihre roten, kunstvoll gewickelten Turbane in der Ferne verschwanden. In einem Ort hielten wir an. Es gab dort eine Wegstation mit kalten Getränken, und in großen kupfernen Kesseln brutzelten Teigwaren in siedend heißem Öl. Um den Kessel herum standen ein paar Männer, die sich angeregt in Rajasthani, dem lokalen Hindi-Dialekt, unterhielten. Sie verstummten, als wir ausstiegen und etwas zu trinken bestellten, und beobachteten uns interessiert. Ein kleiner Junge hatte sich unserem Wagen genähert, und seine kleinen schmutzigen Hände glitten liebevoll über das heiße Blech. Der Fahrer des Mietwagens schnauzte ihn an, und sofort nahm der Kleine seine Hände vom Auto. Ich glaubte, ihn zu verstehen: nur für einen Augenblick mit dem verbunden zu sein, was so völlig unerreichbar war. Als wir abfuhren, winkte ich dem Jungen zu. Er winkte zurück und lachte.

Wir hatten die ausgebaute Straße schon eine Weile verlassen und fuhren auf einer Sandpiste. Surrendar war eingeschlafen, was mir unbegreiflich erschien, weil der Wagen fortwährend durchgerüttelt wurde. Babut starrte noch immer durch die Windschutzscheibe ins Nichts, und ich fragte mich langsam, ob er vielleicht unter Drogen stand. Ich nahm einen Schluck des abgekochten Wassers aus Surrendars Feldflasche. Es hatte einen metallischen Beigeschmack. Aus den Augenwinkeln beobachtete ich Babut und beschloss in jenem Augenblick, dass ich auf meiner Hochzeit jedenfalls Spaß haben wollte. Und dann dachte ich darüber nach, wie das wohl sein mochte, wenn jemand für mich die Hochzeit arrangieren würde und ich kein Mitspracherecht hätte. Wenn ich die

Braut vielleicht noch nie in meinem Leben gesehen hätte. In Indien war es durchaus keine Seltenheit, dass sich die Brautleute erstmals bei ihrer Hochzeit sahen. Babut hatte seine Frau bisher drei Mal getroffen. Ich glaubte aber nicht, dass sie jemals dabei allein gewesen waren. *Bomp,* machte es plötzlich. Der Wagen war in ein besonders garstiges Schlagloch geraten, und Surrendar war mit dem Kopf gegen die Scheibe geschlagen. Zumindest war er wieder wach.

»Wie finden eigentlich die Eltern den richtigen Ehepartner?«, fragte ich ihn.

Surrendar rieb sich den Kopf. »Kommt darauf an«, meinte er. »In den Dörfern sind Barbiere und Priester die traditionellen Heiratsvermittler, und in den Städten gibt es mittlerweile auch schon Eheinstitute, die mit Computern Heiraten vermitteln, oder man richtet sich nach Heiratsanzeigen in der Zeitung.«

»Wie haben Babuts Eltern seine Frau gefunden?«, hakte ich nach.

»Durch eine Heiratsliste. Viele Kasten geben monatliche Rundschreiben heraus, in denen alle heiratsfähigen Junggesellen verzeichnet sind.«

»Und dann?«

»Dann werden die Geburtshoroskope verglichen; denn die Sterne spielen eine große Rolle bei der Wahl des Ehepartners, genauso wie bei der Wahl des Hochzeitstages. Es gibt Glücks- und Unglückstage. Sie alle werden von einem heiligen Mann oder einem Astrologen berechnet, der das Ganze so kompliziert macht, dass keiner außer ihm selbst durchsteigt. Dann verkündet er die Glückstage, und das sind die Tage, an denen es plötzlich unzählige Hochzeiten auf einmal gibt. Viele Inder sind nun mal abergläubisch.«

»Und die ganze Mitgift-Sache …«

»Babuts Familie hat zum Beispiel keine Mitgift von der Familie der Frau verlangt …«

»Aber wurde Mitgift nicht auch verboten, irgendwann in den Sechzigerjahren, um der vielen Mitgift-Morde Herr zu werden?«

»Sicherlich«, sagte Surrendar, »aber erst einmal ist das mit den Mitgift-Morden ziemlich übertrieben worden in der Presse. Du musst nicht denken, dass allein materielle Gründe der ausschlaggebende Faktor für alle indischen Hochzeiten sind. Und zweitens hat das *Anti-Dowry*-Gesetz, das Mitgift verbietet, kaum etwas bewirkt. Traditionen halten sich lange in einem Land wie Indien – und hier in Rajasthan besonders. Klar, manche Familien sind unverschämt. Die verlangen Kühlschränke oder Mopeds von den Eltern der Braut, die sich dafür dann ein Leben lang verschulden müssen. Aber das ist eigentlich nicht der Sinn der Sache. Und wie gesagt, es gibt auch viele Familien, die von sich aus keine Mitgift verlangen.«

Es mochte wohl gute zwei Stunden her sein, dass wir Jodhpur verlassen hatten, als wir von der Sandpiste abbogen und mitten in die Wüstenlandschaft steuerten. Der Fahrer schien den Ort zu kennen, wenngleich ich keine Anhaltspunkte zur Orientierung wahrnehmen konnte. Schließlich hatten wir uns dann doch verfahren. Der Chauffeur war zu früh von der Piste abgewichen, und so machten wir uns wieder auf die Suche nach dem schmalen Fahrstreifen. Es war fünf Uhr nachmittags, und die Sonne hatte ihre brennende Kraft bereits verloren. Fahl hing sie am Himmel. Babut bemerkte, wir würden uns wohl verspäten, doch Surrendar tröstete ihn damit, dass die Hochzeit unmöglich ohne ihn anfangen werde, schließlich sei er der Bräutigam. Und darauf prosteten wir uns mit dem metallisch schmeckenden Wasser zu.

Kurz bevor wir wieder auf die Piste kamen, fuhren wir uns im tiefen Sand fest. Die Reifen drehten durch, und der Motor heulte mehrmals auf. Also stiegen wir aus und schoben den Wagen an. Doch es half nichts. Die Räder drehten weiter durch, und im Nu hatten Surrendar, Babut und ich den aufspritzenden Sand in Augen, Mund und Kleidern, und ich schwor mir, meine Hochzeit

Festgefahren im Wüstensand; Surrendar muß schieben

nie in der Wüste zu feiern. Ich entschuldigte mich vom Anschieben mit der Begründung, der ganze Vorgang müsse ja auch fotografisch dokumentiert werden, und holte meine Kamera.

Das Spiel ging noch eine Viertelstunde so weiter, bis sich der Fahrer besann und zwei Bretter aus dem Kofferraum holte, die er unter die Reifen schob. So bekamen wir die Räder frei und erreichten nach einiger Zeit wieder die Piste. Bis zum Dorf blieben wir noch drei Mal im Sand stecken, doch bekamen Babut und Surrendar den Wagen jedes Mal frei, und ich machte einige schöne Fotos davon, wie sie das Auto anschoben.

Um sechs Uhr erreichten wir endlich das Dorf. Am Dorfeingang holte Babut plötzlich zwei Kokosnusshälften aus seiner Tasche. Sie waren seinem Vater vom Vater der Braut symbolisch für die Hand der Tochter gereicht worden, und Babut brachte sie zur Hochzeit wieder mit. Ich hatte schon viele einsame Plätze gesehen: Gebirgshütten in den Alpen, ein paar abgelegene Farmen im mittleren Westen von Amerika – doch dieses kleine Dorf mitten in der indischen Thar-Wüste schlug sie alle. Es waren kaum mehr als neun oder zehn kleine Lehmhütten, die da eng aneinander gedrängt zwischen ein paar Sanddünen herumstanden. Hier gab es noch nicht einmal Hase und Fuchs, die sich gute Nacht sagen konnten – aber es gab Kinder. Als wir in das Dorf hineinfuhren, rannten uns Dutzende lachend und schreiend hinterher. Ein paar standen auch einfach nur neben den Hauseingängen und schauten dem vorbeifahrenden Wagen nach. Ein kleines, nacktes Mädchen saß mitten auf dem Weg und nuckelte an seinem Daumen. Zwei größere Jungen trugen es fort, als unser Wagen nahte. Das Kind nuckelte unbeeindruckt weiter.

Der Bus mit den Verwandten war schon lange Zeit vor uns angekommen, und wirklich, alles wartete nur noch auf den Bräutigam. Vor einem lang gestreckten Flachbau hatte die Familie *charpoys* aufgestellt, denn es waren so viele Gäste angereist, dass sie unmöglich alle in den Häusern untergebracht werden konnten. Viele von ihnen kamen von weit her, und die Hochzeit bot ihnen Gelegenheit, sich wieder einmal ausgiebig zu unterhalten. Der sandige Platz vor dem flachen Haus war voll von bunten Turbanen, deren Träger lange, gestenreich untermalte Reden hielten, Tee tranken, auf den Betten lagen – manche schliefen auch –, bunte Lampen anbrachten oder anderweitige Vorbereitungen für die Feier trafen. Frauen sah ich nicht. Surrendar erzählte mir später, dass sie alle die Braut für die Zeremonie vorbereiteten. Bei dem Gedanken, dass so um die fünfzig Frauen an der armen Braut herumhandwerkten, tat sie mir ziemlich Leid. Schließlich stellte mich Surrendars Vater, der mit einem anderen – ebenfalls aus dem feierlichen Anlass gemieteten – Wagen gekommen war, dem Vater der Braut vor, einem hoch gewachsenen Mann mit dem obligaten orangefarbenen Turban. Als Surrendars Vater ihm erklärte, ich sei gerade aus Deutschland gekommen und freute mich nun, an einer indischen Hochzeit teilzunehmen, zeigte mir der Mann ein breites Lächeln, das eine Reihe schlechter Zähne entblößte, und begrüßte mich wie einen lang erwarteten Freund, den er seit Jahren nicht mehr gesehen hatte. Ich setzte mich zu Surrendar auf eines der Betten. Ein Junge brachte uns Wasser. Surrendar lehnte dankend ab. Der Junge war verblüfft. Keinen Durst bei der Hitze? Aber als ich das Wasser sah, verstand ich auch, warum: Es war eine trübe Brühe, durch die ich nur mit Mühe den Boden des Metallbechers sehen konnte. Auch ich lehnte ab und hoffte gleichzeitig, die Dorfbewohner nicht beleidigt zu haben; denn mit dem Wasser hatten sie uns nicht nur erfrischen, sondern gleichzeitig eines ihrer kostbarsten Besitztümer hier in der Wüste anbieten wollen.

Kurz vor Sonnenuntergang kam ein Sandsturm. Er kam plötzlich und unerwartet und überraschte uns alle. Für Momente waren so viele Sandpartikel in der Luft, dass sie die Sonne verdunkelten. Aber so schnell, wie er aufgekommen war, so schnell verschwand der Sturm auch wieder und ließ uns mit einer Sandschicht überzogen zurück.

Ich hatte gerade einem indischen Jungen das chinesische Schere-schneidet-Papier-umwickelt-Stein-fällt-in-den-Brunnen-Fingerspiel beigebracht und dreimal gewonnen, als sich ein alter Mann neben mich setzte. Sein Körper war von den Jahren gebeugt, doch sein Blick war klar, und die Lachfalten um seine Augen gaben ihm ein freundliches Aussehen. Surrendars Vater stellte uns vor. Der alte Mann war der Leiter einer Dorfschule und hatte mich kennen lernen wollen, und so unterhielten wir uns eine Weile – er langsam und auf die Richtigkeit seines Englisch bedacht und ich laut und artikuliert und auch langsam, weil er schwerhörig war. Ich erzählte ihm von Deutschland und von Amerika und ja, ich wäre gern in Indien; nein, ich selbst sei noch nicht verheiratet und hätte auch noch keine Kinder; und ich freute mich besonders, an einer indischen Hochzeit teilnehmen zu können; und ich wäre schon gespannt auf die eigentliche Zeremonie. Doch da unterbrach er mich und sagte, ich könnte an der Zeremonie nicht teilnehmen.

»Niemand kann bei diesem *karam* dabei sein außer dem Brahmanen und den Brautleuten«, erklärte mir der alte Mann.

»*Karam* bedeutet so viel wie Sakrament«, half mir Surrendar auf die Sprünge, »und es gibt im Leben eines Rajputen zwölf davon – bei den meisten wird die Öffentlichkeit nicht zugelassen.«

Die Frage, was wir dann hier eigentlich in der Wüste machten, war mir wohl ins Gesicht geschrieben, denn der alte Mann klopfte mir auf den Rücken und sagte: »Wir sind hier, um zu feiern.« Dann reichte er mir etwas *naan*, indisches Fladenbrot mit Butter, und kauend sahen wir beide zu, wie die Sonne hinter den Dünen unterging.

Jemand hatte mich an der Schulter gerüttelt und aufgeweckt. Langsam öffnete ich die Augen und schaute auf meine Armbanduhr. Zwei Stunden waren vergangen. Ich war im Sitzen eingeschlafen. Es war Nacht und kühl geworden, meine Beine taten weh, und mein Nacken war steif.

»He, bist du in Ordnung?«, fragte Surrendar.

»Klar«, sagte ich.

»Die Hochzeitszeremonie ist vorbei. Sie haben ein Feuer angezündet, und die beiden Brautleute sind auch da. Außerdem wird Opium verteilt ...« Der letzte Satz schwebte vage in der Luft.

»Sag mal, worin besteht eigentlich diese ominöse Hochzeitszeremonie, bei der kein Mensch dabei sein darf?«, fragte ich Surrendar, als wir zum Feuer gingen.

»Im Ineinanderlegen der Hände.«

»Ach so«, sagte ich.

Es waren wohl über hundert Menschen, die sich um das Feuer herum versammelt hatten. Ein paar saßen oder lagen am Boden und bedienten sich vom Opium, das die Runde machte; andere tanzten um das Feuer, das ihre langen Schatten gegen die Lehmhäuser und in die Wüstennacht hinein warf; und wieder andere schwatzten mit dem jungverheirateten Paar, das auf einem alten ausrangierten Traktor saß.

»Eigentlich sollten die beiden auf einem Pferd sitzen, doch diese Leute sind arm, und so hat man die Brautleute auf den Trecker gesetzt«, erklärte Surrendar.

»Sehr umsichtig«, erwiderte ich. Ich hatte plötzlich das Bedürfnis, allein zu sein, und setzte mich etwas abseits vom Feuer, von den anderen entfernt. Die Nacht war wolkenlos, der Wind wehte durch das dürre Gestrüpp, und der klare Sternenhimmel spannte sich weit über die Wüste. Vom Feuer her erklang eine leise Melodie. Jemand hatte zu einer Sitar, einem indischen Saiteninstrument, gegriffen. Ich blieb noch eine Weile dort draußen am Rand der Wüste, bis ich plötzlich Schritte im Sand hinter mir hörte. Es war Raja, Surrendars jüngerer Bruder, der schon vor uns in das Dorf gekommen war.

»Komm, lass uns zum Feuer gehen«, sagte er. »Dort ist es warm, und die Leute sind ausgelassen und guter Dinge.« Ich stand auf, und wir beide gingen zum Feuer und traten in den Kreis der Tänzer, Sänger und Musiker.

Ich war enttäuscht, dass ich von der eigentlichen Hochzeit so wenig mitbekommen hatte, doch Surrendar vertröstete mich auf die *gaona*, die Rückkehr des Mannes mit seiner Frau zu seinem Haus, die ein neues Fest innerhalb der großen Zeremonie bedeutete.

Nach drei Tagen war es so weit. Babut kam in Begleitung seiner Frau zurück aus der Wüste und brachte sie zum Haus von Surrendars Großmutter, das in der Altstadt Jodhpurs lag und wo er mit der alten Frau und einigen Familienangehörigen lebte. Es war dasselbe Haus, von dem er vor ein paar Tagen mit uns in das Wüstendorf zur Hochzeitszeremonie aufgebrochen war. Ich hatte mich mit meiner Kamera wieder auf das Dach zurückgezogen, weil ich von dort den besten Überblick hatte. Es war Vormittag, die Sonne hatte noch nicht ihre volle Kraft erreicht, und doch war es schon sehr heiß. Das alte Thermometer in einem der unteren Räume

Rückkehr des Brautpaares ins Haus der Großmutter

hatte 90° Fahrenheit angezeigt, das waren ca. 35 °C, und von der Wüste her wehte ein warmer Wind über die Dächer. Über dem Innenhof lag eine gespannte Atmosphäre. Ein paar Kinder warteten auf die Rückkehr des Brautpaares. Ein kleines Mädchen stand in der Mitte des Hofes. Es trug ein grünes Kleid, hatte eine Hand nachdenklich an seine rechte Wange gelegt und schaute auf den Boden. In der hinteren Ecke des Hofes kämpften zwei Jungen miteinander – beide kaum älter als fünf Jahre. Ihre kleinen Fäuste flogen durch die Luft. Ihre Gesichter waren schmutzig vom Dreck der Straße. Plötzlich hielten sie inne. Und dann hörte auch ich es: eine Trommel und eine Metallbratpfanne – der *barat*. Das Brautpaar kam zurück. Die beiden Jungen saßen wieder einträchtig zusammen, das kleine Mädchen hatte seinen nachdenklichen Gesichtsausdruck abgelegt, und wir alle starrten auf die große Toreinfahrt. Der Krach, den die Trommel und die Bratpfanne machten, wurde lauter und lauter, und dann trat der Bräutigam durch

29

das Tor. Zwölf Frauen begleiteten ihn, ein paar hatten Babys auf dem Arm. Wohl die Hälfte der Frauen trug einen Schleier. Erst später erfuhr ich, dass das indische »Schleiersystem« nicht unkompliziert ist. So müssen Schwiegertöchter in Anwesenheit der Schwiegermütter ihr Gesicht verhüllen, junge Frauen in bestimmten Situationen in der Öffentlichkeit, und dafür gab es dann wieder bestimmte Regeln und Ausnahmeregeln und regionale Unterschiede. Ich fragte mich, wer da eigentlich so ganz durchstieg. Die Gruppe war inzwischen etwa bis zur Mitte des Innenhofes gekommen, und ich überlegte, welche von den Frauen die Braut war. Schließlich sah ich sie durch das Teleobjektiv ganz nah vor mir. Sie trug einen hellvioletten Sari mit aufgesticktem, goldenem Blumenmuster. Ihr Gesicht war verschleiert, und sie ging hinter ihrem Mann. Die Gruppe zog durch das Haus in einen zweiten, kleineren Innenhof. Dort waren auf den Steinen am Boden Kreise in einer Reihe aufgemalt, deren Inneres verschiedenartig gemustert war. Auf den Kreisen standen metallene Teller mit verschiedenem Durchmesser, die der Größe nach angeordnet waren. Mit seinem Ziersäbel schob Babut nun die Teller zur Seite – den ersten nach rechts, den zweiten nach links, den dritten wieder nach rechts und so fort. Danach stellte seine Frau die Teller wieder zurück, und Babut fing von vorne an. Das wiederholte sich noch ein paarmal, und dann war auch dieser Teil der Zeremonie abgeschlossen.

Während meiner ersten Tage in Indien hatte ich noch hinter jeder Handlung irgendeinen symbolischen oder mythischen Hintergrund vermutet; und mit meinem Bestreben, fortwährend zu der tieferen Bedeutung einer Geste oder eines Rituals vorzudringen, hatte ich meine Gastgeber nicht selten erheitert. »Wir tun dies, weil es Tradition ist«, sagten sie oft, »aber wir wissen selbst nicht, was es bedeutet.« Damit hatte ein Teil meines Indienbildes einen tiefen Riss bekommen. Und ich begann mich zu fragen, ob denn wirklich alles so spirituell und geistig durchdrungen sei, wie

Tellerverschieben – ein indisches Hochzeitsritual

es uns im Westen schien, und weswegen so viele Menschen nach Indien gingen und *Guru-shopping* betrieben, wie es ein Journalist einmal ausgedrückt hatte. Doch für die Zeremonie, die ich gerade gesehen hatte, gab es durchaus eine Erklärung. Surrendars Großmutter gab sie mir, als ich vom Dach heruntergestiegen war.

»Was Babut gerade getan hat«, übersetzte Surrendar, »war der Ausdruck dafür, dass er seine Frau in seinem Haus aufnehmen und immer für sie sorgen will.« Ich traute mich nicht, weiter zu fragen, warum man dafür Teller verschieben müsse, denn ich meinte, die Antwort bereits zu kennen – dies sei eine alte indische Tradition, deren Ursprung man längst vergessen habe, aber man tue es, weil es eben so getan werden müsse.

Ich schaute auf. Surrendars Großmutter hatte mich angesprochen. »Sie ist sicher, dass sie dich auch gut verheiraten kann«, übersetzte Surrendar.

»Oh, da bin ich mir auch sicher«, sagte ich, »aber ich denke, ich bin noch ein bisschen jung.«

»Sie möchte wissen, wie alt du bist«, übersetzte Surrendar weiter.

»Einundzwanzig«, antwortete ich und hatte das Gefühl, dass ich mich mit dieser Antwort in eine Falle manövriert hatte. Und gleich darauf bestätigte Surrendar meine Vermutung: »Meine Großmutter meint, das sei genau das richtige Alter.«

»O. k., sag ihr, meine Zähne seien schlecht.« Ich versuchte, meinen Marktwert zu senken, denn ich zweifelte nicht mehr daran, dass die alte Frau es ernst meinte.

»Viele Inder haben schlechte Zähne«, übersetzte Surrendar die Antwort seiner Großmutter. Die Unterhaltung schien ihm einen Heidenspaß zu machen.

»Hol mich hier raus, Surrendar«, bat ich ihn. Er redete auf seine Großmutter ein, und sie schien zufrieden zu sein.

»Was hast du ihr gesagt?«, wollte ich nachher wissen.

»Och, dass du dir's noch mal überlegen würdest«, antwortete Surrendar.

Alte und neue Rajputen

Die Hochzeitsfeier dauerte über eine Woche. Während dieser Zeit lebten Surrendar und ich im Haus von Bakthaver Singh Rajpurohit im Neubauviertel der Stadt, und wir machten viele Mopedausflüge durch Jodhpur und die Umgebung. Bakthaver Singh war früher Distrikt-Polizeichef von Jodhpur gewesen und arbeitete nun nach seiner Pensionierung als Rechtsanwalt. Er hatte kurz geschnittenes, eisgraues Haar und ein markantes Gesicht, und er stand in dem Ruf, unbestechlich zu sein. Der Beiname Singh, den auch seine Söhne und Surrendar führten, leitete sich von dem Sanskrit-Wort *simha* ab und bedeutete »Löwe«. Sowohl die Einwohner Rajasthans, die Rajputen, als auch die Sikhs im Punjab trugen diesen Namen als Hinweis auf ihre kriegerische Natur und Vergangenheit. Und Bakthaver Singhs autoritäres Auftreten ließ erkennen, dass er seinem Beinamen durchaus Bedeutung zumaß. Doch war er gleichzeitig von einer Liebenswürdigkeit und natürlichen Höflichkeit und nahm mich wie einen engen Verwandten in seinem Haus auf, sodass ich mich sehr wohl fühlte. Bakthaver Singh hatte zwei Söhne. Manor, der ältere, hatte eine Cousine von Surrendar geheiratet und arbeitete in einer Bank. Narrendar, der jüngere Sohn, studierte Medizin am nahe gelegenen »Medical College«. Beide waren ihrem Vater sehr ähnlich, und ich verstand mich sehr gut mit ihnen.

Zu den Mahlzeiten, denen meist endlose Gespräche bei indischem Milchtee folgten, kamen oft Freunde des Hauses; und so lernte ich ein paar Mitglieder der Rajpurohit-Kaste und deren Freunde näher kennen. Da war Narpad Singh Rajpurohit, einer von Surrendars tausend Onkeln, der zwei kleine Läden im Händlerviertel der Stadt hatte und alles verkaufte, an das er Hand legen konnte – von westlicher Zahnpasta bis zu *beedis*, das sind die einheimischen Zigaretten mit ihrem schmutzig grauen Filterpapier. Doch seinen größten Gewinn erzielte er mit rotem Pfeffer, und so war er zu einem angesehenen Kaufmann geworden. Ich wusste, dass er mich mochte, und ich mochte ihn, denn er war ein freundlicher Mann und hatte ein breites, jungenhaftes Lächeln. Und wenn Narpad nicht gerade lächelte, dann kaute er Betelnüsse. Sie waren an vielen Ecken der Stadt erhältlich, angereichert mit verschiedenen Gewürzen und Zutaten und eingewickelt in ein grünes Laubblatt. Die Inder kauten diese Mischung wie Kaugummi. Während des Kauens bildete sich ein rötlicher Saft, den viele Inder überall hinspuckten, wo sie gerade waren – auf Straßen, Treppen, in Parkanlagen und manchmal sogar in öffentlichen Gebäuden. Als ich neu war in Indien, hielt ich das Sekret seiner Farbe wegen für Blut und ich fragte Surrendar, was denn für fürchterliche Metzeleien auf den Straßen stattfänden oder ob es hier sehr viele Lungenkranke gebe. Doch Surrendar lachte nur.

Manchmal fand sich auch ein Künstler zum Essen ein, der mit seinem Vater eine kleine Malschule in Jodhpur aufgemacht hatte und dem Surrendars Familie öfter Ölfarbe und anderen Malbedarf aus Amerika mitbrachte. Einmal besuchten wir den Mann. Sein Vater und er hatten in den oberen Räumen ihres Hauses ein Atelier eingerichtet und gaben Unterricht. Auf dem Weg zu dem Maler überraschte uns ein Unwetter. Zum ersten Mal, seit ich in Jodhpur war, sah ich dunkle Wolken aufziehen, und nach wenigen Minuten setzte der Regen ein. Später erzählten mir viele Inder, dies sei nur ein kleiner Guss gewesen und durchaus kein Monsun. Trotzdem war die Wirkung gewaltig: Die Straßen verwandelten sich in Seen, die unser Moped nicht mehr durchfahren konnte; Wasserleitungen barsten und wertvolles Trinkwasser mischte sich mit dem schlammigen Regenwasser; Elektrizitätsmasten kippten um, und die Stromzufuhr war in vielen Stadtteilen für Stunden unterbrochen. Doch die Inder waren deshalb nicht beunruhigt. Im Gegenteil. Es schien, als hätte sich die Spannung, die seit Tagen unsichtbar über der Stadt gelegen hatte, plötzlich mit dem Regen entladen. Überall in den Straßen und auf den Dächern standen Menschen im Regen, schauten zum Himmel hinauf und lachten. Mit dem Regen wurde es kühler. Es war angenehm, auf dem Moped durch den Regen zu fahren. Ich wusste nun, warum die Inder sich so freuten, und aus einer Laune heraus fing ich an, *I'm Singing in The Rain* zu pfeifen. Als wir bei dem jungen Künstler ankamen, waren wir bis auf die Knochen nass. Er gab uns trockene Kleider, und wir aßen zusammen zu Abend in seinem Atelier. Ich habe vergessen, *was* es an jenem Abend zu essen gab; doch ich war sehr hungrig und aß reichlich. Später musste ich dann umso mehr trinken, denn das Essen war sehr scharf gewürzt. Während der Mahlzeit schaute ich mir die Bilder an den Wänden an. Ich war nicht wenig überrascht, hier am Rande der indischen Thar-Wüste Ölgemälde von der Schlacht bei Waterloo und von amerikanischen Siedlern und Pionieren in den Rocky Mountains zu finden. Doch der Künstler erklärte mir, dass sich sein Vater auf das Kopieren alter Meister spezialisiert habe und dass seine Werke reißenden Absatz in den Vereinigten Staaten fänden. Dort sei er auch gerade auf einer *promotion tour*.

In der hinteren Ecke des Raumes saß eine Schülerin und malte ein Bild von der Wand nach. Sie mochte zwanzig Jahre alt sein, trug einen roten Sari und hatte ein hübsches Gesicht. Sie muss aus einem reichen Haus kommen, dachte ich, denn sonst hätte sie weder die Zeit noch das Geld, Malunterricht zu nehmen. Mit ruhiger Hand zog sie mit einem alten Pinsel ihre Striche auf dem Blatt Papier, schaute prüfend, kolorierte, wog ab, war vollkommen in ihre Arbeit versunken. Ab und zu fiel ihr eine Haarsträhne ins Gesicht, die sie mit einer unwirschen Geste fortwischte. Sie sah nicht einmal auf. Als unsere Kleider trocken waren, verabschiedeten wir uns und machten uns auf den Heimweg. Es regnete noch immer. Nach ein paar Minuten waren wir wieder klitschnass, und allmählich fing der Regen an, mir auf die Nerven zu gehen. So war ich froh, als wir zu Bakthaver Singhs Haus kamen und ich mir trockene Sachen anziehen konnte. Mit einem Glas Tee in der Hand und tief in einen Strohkorb zurückgelehnt, sah ich zu, wie draußen der Regen unablässig hernieder prasselte.

Es gab wenige Plätze in Jodhpur, wo es ruhig war und wo nicht das Leben pulsierte. An einem dieser Orte, einem Felsplateau aus rotem Sandstein, standen Surrendar und ich am nächsten Morgen und blickten auf die Stadt hinab, die sich weit über die Ebene erstreckte. In der Ferne konnte ich den Palast des Maharadschas von Jodhpur sehen, und rechts von uns stand trutzig und uneinnehmbar auf einem Hügel das gewaltige Meheran-Fort, die Festung der Stadt. Auf unserem Felsplateau stand ein Kenotaph, ein Ahnentempel zur Erinnerung und zum Ruhm der »Sonnenherrscher« aus dem Rathore-Klan von Jodhpur und Marwar. Die Vormittagssonne hob den weißen Marmorbau vom wolkenlosen tiefblauen Himmel und vom roten Sandstein ab, und ich verstand, warum diese Totengedenkstätte zu den schönsten ganz Rajasthans gehörte. Ein alter Tempelwächter saß im Schatten eines Baumes; wir setzten uns zu ihm, und er erzählte uns, dass der Maharadscha Jaswant Singh diesen Erinnerungsbau vor etwa hundert Jahren habe errichten lassen. Der Marmor des Kenotaphs käme aus dem Nagaur-Distrikt der Thar-Wüste, und es sei der gleiche, der auch für das berühmte Tadsch Mahal in Agra verwendet worden sei. Dann erhob er sich langsam, schloss uns das eiserne Tor auf, und wir schauten uns den Ahnentempel an. Surrendar und ich blieben noch eine Weile dort und genossen die Ruhe und den Blick über die Stadt, bevor wir dem Mann sein Bakschisch gaben und uns auf den Weg zum Meheran-Fort machten.

Die Straße, die zur Festung führte, war schmal, steil und ge-

Ahnentempel des Rathore-Klans in Jodhpur

wunden. Das Moped stotterte, als wir den Sandsteinfels hinauf-
fuhren, auf dessen Plateau in 120 Metern Höhe die Außenmauern
der Festung in den Himmel ragten. An einer Mauerseite sah ich
ein »persisches Rad«, mit dem das dringend benötigte Trinkwasser über eine Eimerkette aus einem tiefen Brunnen am Fuße des
Felsens heraufgezogen worden war. So konnten die ehemaligen
Bewohner der Festung auch langen Belagerungen standhalten,
ohne wegen Wassermangels aufgeben zu müssen. Heute ist die
Burg nur noch ein Museum. Surrendar und ich stellten das Moped auf einem improvisierten Parkplatz ab, und ein Wächter gab
uns ein schmutziges Ticket dafür. Wir durchquerten mehrere Tore
und am letzten, dem Lohapal, hätten laut Reiseführer eigentlich
die Handabdrücke von fünfzehn *satis* zu sehen sein müssen,
Frauen, die sich mit ihrem toten Gemahl hatten verbrennen lassen; doch selbst mit einiger Fantasie konnte ich sie nicht erkennen.

Die Preise für den Burgeintritt waren sorgfältig auf einer Tafel am Einlass aufgeschrieben – in Hindi und in Englisch. Die englische Kolumne war länger und gab den Eintritt mit 10 Rupien an. Das Mitführen einer kleinen Kamera kostete 15 Rupien extra; eine große Kamera plus 25 Rupien; ein Blitzlicht wiederum 15 Rupien mehr; und nicht zu vergessen, die notwendige offizielle Führung gegen einen weiteren Aufpreis von 5 Rupien. Ich war schon nahe daran zu fragen, wie viel es denn mehr koste, wenn ich meine Brille aufbehielte, aber dann überlegte ich, die Antwort könnte positiv ausfallen, und schwieg. Die Hindi-Schriftzeichen waren nur eine Zeile lang und legten den Eintritt mit Führung auf 5 Rupien fest – ohne Aufschläge. Surrendar und ich bezahlten nach einer langen Debatte mit dem Fremdenführer, die auf beiden Seiten mit äußerstem Engagement geführt wurde, den niedrigeren Eintrittspreis, mussten aber versprechen, nicht ohne Bakschisch fortzugehen. Unser Führer gab sich Mühe. Wohl in der Erwartung einer angemessenen Belohnung schloss er uns die Türen zu den ehemaligen, gut erhaltenen und prunkvollen Gemächern der Maharadschas und Maharanis auf, zeigte uns die umfangreiche Waffensammlung, die von kunstvoll gearbeiteten Krummschwertern bis zu rostigen Morgensternen reichte, kommentierte Manuskripte und erklärte uns die Miniaturmalereien, die Szenen aus dem Leben der Fürsten abbildeten.

Je mehr der Führer erzählte, desto farbenprächtiger entstand vor meinem geistigen Auge die Geschichte der Rajputenfürsten, den Nachfahren der Weißen Hunnen, einem iranisch-türkischen Mischvolk von Steppenreitern, das im 5. Jahrhundert in Indien einfiel. Zu diesem Zeitpunkt erlebte Indien gerade sein goldenes Zeitalter. Unter der berühmten Gupta-Dynastie hatten nicht nur militärische Ausbildung, sondern auch Architektur, Musik, Literatur und Malerei ihre Blüte erreicht. Die Steppenreiter jedoch zogen brennend und mordend durch das Gupta-Reich und zersplitterten es in kleine Teilreiche, bis sie ihrerseits 527 n. Chr. von

Das trutzige Meheran-Fort

Heeren der vereinigten Perser und Türken zurückgedrängt wurden.

Viele jener Weißen Hunnen verdingten sich von da an als Söldner ehemaliger Gupta-Generale und wurden im 6. Jahrhundert im Nordwesten Indiens angesiedelt, sodass ein Ring von Pufferstaaten gegen mögliche weitere Invasoren entstand. Jene Krieger standen anfangs dem Hinduismus fern, füllten aber schon bald die durch viele Kämpfe geschwächte indische Kriegerkaste auf, nachdem sie durch priesterliche Zeremonien gereinigt worden waren. Als Rajputen, »Königssöhne«, in den Adel der Ritterkaste erhoben, wurden sie bald zu den tapfersten und ausdauerndsten Verteidigern des Hinduismus.

Durch das gesamte Mittelalter waren sie trotz unterschiedlicher Effizienz das wichtigste Bollwerk gegen die islamischen Eroberungsoffensiven.

Wie die Ritter Europas hatten sie einen hohen Ehrenkodex.

39

Wächter in der Festung

Kampf, Reiten und Freiheitsdrang waren die Schlüsselworte im Leben eines Rajputen. Mit sechs Jahren erhielten die Rajputenknaben ihr erstes Kampftraining, mit zwölf nahmen sie an ihrer ersten Schlacht teil, nach ihrer Heirat mit vierzehn Jahren galten sie als erwachsen. Mehr als Siege bedeutete ihnen die Wahrung der Ehre. Oft warfen sie sich ohne Schlachtordnung unter dem Einfluss von Opium und Schnaps, was sie umso tollkühner machte, dem Feind entgegen und fügten ihm so große Verluste zu. Ein Autor hat die Kampfestechnik und Moral der Rajputen einmal

so beschrieben: »eine eigentümliche Mischung aus Sendungs-
bewusstsein, Arroganz, übersteigertem Heldentum, politischer
Blindheit und zeitweiliger Großmut«. Nicht selten kämpften die
Rajputen bis zur letzten tragischen Konsequenz. Anstatt sich dem
Feind bei aussichtsloser Verteidigung einer Festung zu ergeben,
bereiteten sie sich auf einen Suizid-Angriff, den *jauhar*, vor. Sie
streiften ihre Hochzeitsroben über den Panzer, machten einen
Ausfall und griffen den übermächtigen Feind an, bis sie bis zum
letzten Mann aufgerieben waren. Ihre Frauen, die in der Festung zurückgeblieben waren, bekleideten sich ebenfalls mit ihren
Brautkleidern und begingen *sati*, indem sie sich selbst auf Scheiterhaufen verbrannten. Vielleicht wären die Rajputen für die
islamischen Invasoren, die in den folgenden Jahrhunderten Indien immer wieder heimsuchten, ein unüberwindlicher Gegner
gewesen, hätten interne Zwistigkeiten wie Eifersucht, gegensei-
tige Machtansprüche, die zu Thronstreitigkeiten führten, Morde
in den eigenen Familien und schließlich Verrat sie nicht oft ge-
schwächt.

Ein Räuspern unterbrach meine Gedanken. Wir waren am Ende
der Tour angekommen, und unser Führer wartete auf sein Bakschisch. Surrendar und ich gaben ihm zusammen 20 Rupien, das
waren etwa zwei Mark fünfzig und kein schlechter Nebenver-
dienst. Er bedankte sich würdevoll und verließ uns, um eine indische Reisegruppe durch die Festung zu führen. Es war inzwischen
Mittag geworden und sehr heiß. Während Surrendar etwas zu
trinken besorgte, ging ich die Festungsmauer entlang und blieb an
der Südseite der Burg bei ein paar alten Kanonen nahe des Cha-
munda-Tempels stehen. Unter mir lag die Stadt in der Mittagshitze. Ich schaute geradeaus und sah den *clock tower*, nach dem das
Basarviertel der Stadt benannt ist – Uhrenturmviertel. Um den
Uhrenturm herum standen die Händler und bedienten ihre Kunden. Aus der Ferne sahen sie aus wie emsige Ameisen. Links von
mir lag ein grüner künstlicher See, eingerahmt von Tempeln,

Blick auf den Uhrenturm von Jodhpur

Mauern und Akazienbäumen – eines der Wasserreservoire der
Stadt. Und auf der rechten Seite lag Chandpol, der Stadtteil mit
dem Meer von blau getünchten Lehmhäusern, die die Wohnun-
gen von Brahmanen kennzeichneten; dies gab es meines Wissens
nirgendwo sonst in Indien. Dort wohnten auch Surrendars Großmutter sowie Babut und dessen Frau, doch konnte ich ihr Haus in
der Vielzahl ähnlicher Gebäude nicht ausmachen. Kaum ein Laut
drang von der Stadt zu der Festung herauf, und ich fragte mich,
welche Gedanken wohl Rao Jodha durch den Kopf gegangen waren, wenn er – wie ich nun – auf den Zinnen seiner Festung gestanden und über die Stadt geblickt hatte. Rao Jodha war ein Raj-
putenfürst gewesen, ein »Sonnenherrscher« aus dem Rathore-
Geschlecht, derselben Familie, der Jaswant Singh den Kenotaph
auf dem gegenüberliegenden Felsplateau gestiftet hatte. Jodhpur
und die Festung waren Jodhas Werk oder vielmehr das der hun-
derttausend Arbeiter, die die Festung nach zehnjähriger Fronarbeit
im Jahre 1459 fertig gestellt hatten. So berichteten es zumindest

die Chroniken. Fast sechshundert Jahre lang war Jodhpur der Eingang zum »Land des Todes« gewesen, dem Reich von Marwar, das bis in die Wüste Thar hineinreichte und dessen Lebensgrundlage auf dem Handel mit Karawanen beruht hatte, die mit Juwelen, Schmuck, Gewürzen und Opium durch Marwar zogen bis nach Persien.

»Machst du eine Meditation?«, fragte Surrendar, als er mit zwei eiskalten Limonadenflaschen zurückkam. Ich lachte, nahm mir eine Flasche und setzte sie an die Lippen. Für eine Weile ließ ich Geschichte Geschichte sein und konzentrierte mich ganz auf die Gegenwart.

Am Nachmittag desselben Tages hatte ich ein paar Sachen in der Stadt eingekauft, und Surrendar hatte sich bei einem Schneider einen indischen Anzug anfertigen lassen. Nun waren wir auf dem Rückweg durch den Nachmittagsverkehr. Es war *rush-hour,* und es schienen noch mehr Kamele, Pferde, Kühe, Mopeds und Rikschas auf den Straßen zu sein als sonst. Surrendar und ich schoben das Moped auf dem Bürgersteig, und mitten in einem Knäuel von Fußgängern, Händlern, Kunden und Hunden rempelten wir einen Mann an. Er wollte schon ansetzen, uns auszuschimpfen, als sich sein Gesicht aufhellte. »Surrendar!«, rief er. »Onkel«, lachte Surrendar. Und wenig später saßen wir drei bei ein paar kalten Getränken und unterhielten uns. Ich habe nie herausbekommen, wie viele Onkel Surrendar wirklich in Jodhpur hatte – aber ich denke, ein gutes Dutzend werden es wohl gewesen sein. Dieser Onkel war klein und wieselig und arbeitete für die Regierung als Sicherheitsbeamter auf Flughäfen. Er kannte fast alle James-Bond-Filme, hielt sich demnach für einen Kenner der westlichen Gesellschaft und mich für ein besonders degeneriertes Exemplar. Nicht, dass er dies abwertend gemeint hätte; im Gegenteil, in seinen Augen war das ein Kompliment. Fortwährend fragte er, ob ich mich nicht in Jodhpur langweilte. – Oh, nein, mir gefällt's hier sehr gut. – Aber

Bombay sei natürlich wesentlich aufregender. – Ich war noch nie dort, mir fehlt die Vergleichsmöglichkeit. – Ob ich etwas trinken möchte, etwas Richtiges, nicht dieses Limonadenzeug, Whisky vielleicht? Als er mich dann noch fragte, ob ich an Frauen interessiert sei, schien das Gespräch für Surrendar peinlich zu werden. Ich amüsierte mich großartig, lehnte aber höflich die verschiedenen Angebote von Surrendars Onkel ab. Er war enttäuscht: jemand aus dem Westen, der Jodhpur interessant fand, keinen Alkohol trinken wollte und keine Frauen... Das passte nicht in sein Konzept. Ein letzter Versuch. Etwas Harmloses. Es gebe da einen schönen Aussichtspunkt, von dem man einen unvergleichlichen Blick über die Stadt habe. Dorthin würde er mit uns fahren. Surrendar sah auf die große Uhr, die über dem Tresen hing: Viertel vor sieben. In fünfzehn Minuten würde die Sonne untergehen. Doch sein Onkel war optimistisch. Er kenne Schleichwege, sagte er. Und so fuhren wir los: Surrendars Onkel mit mir auf dem Rücksitz seines Motorrads und Surrendar mit dem Moped hinterher.

Anfangs geht alles gut. Dann kommen die Schleichwege. Statt eine der Ausfahrtstraßen zu nehmen, die uns zu dem Aussichtspunkt bringen würde, fährt Surrendars Onkel mit uns durch die engen Gassen der dicht bevölkerten Altstadt. Es ist immer noch Hauptverkehrszeit. Ohne das Tempo zu verringern, biegt er in eine Seitenstraße ein. Es ist die Gasse der Schneider. Fluchend springt ein Mann zur Seite. Ich klammere mich irgendwo am Motorrad fest. Wir kommen ins Rutschen. Dann hat er die Maschine wieder unter Kontrolle. Die Schneiderwerkstätten fliegen an uns vorbei. Mehr Menschen springen zur Seite. Ein Kind spielt auf der Straße. Das Motorrad rast auf das Kind zu. Was macht dieser Idiot! Will er uns alle umbringen? Eine Frau schnappt das Kind. Beide sind in Sicherheit, als wir mit der röhrenden Maschine vorbeibrausen. Ich schaue mich um. Wo ist Surrendar? Da kommt er um die Ecke. Konzentriert. Er versucht mitzuhalten, aber der Motor des kleinen Mopeds ist nicht stark genug. Er flucht auch. Wir biegen in eine andere Straße ein. Schmal und unübersichtlich. Obsthändler. Unser Motorrad streift einen Stand. Mangos rollen auf die Erde. Hunde und Kinder machen sich darüber her. Der Verkäufer zetert. Leute schreien. Und dann der Ochsenkarren. Gemächlich ziehen die Tiere den Karren die Straße hinauf, sehen die Gefahr nicht, die auf sie zukommt. Mehr Leute schreien. Brems! Brems doch, denke ich. Zu spät! Das Motorrad scheint sich selbstständig zu machen, lässt sich keinen Willen aufzwingen. Kein Platz zum Ausweichen. Gott! Dann rasen wir durch eine Bastwand. Körbe fallen um und auf mich drauf. Aber sonst passiert nichts. Langsam begreife ich: In letzter Sekunde hat er das Motorrad herumgerissen und ist in einen Laden mit Korbwaren gedonnert.

Draußen ziehen die Ochsen langsam den Karren an uns vorbei. Der Ladeninhaber kommt, lässt eine Schimpfkanonade los, zeigt auf den Schaden, dann auf Surrendars Onkel und droht mit der Faust. Mir ist alles egal. Erleichtert setze ich mich auf einen der herumliegenden Körbe und lasse die beiden sich streiten. Irgendwann kommt Surrendar. Er schlichtet den Streit. Rupien wechseln ihren Besitzer – eine Menge Rupien. Der Ladenbesitzer lacht plötzlich, schüttelt Surrendars Onkel herzlich die Hand. Wir gehen. Als wir uns von Surrendars Onkel verabschieden, sagt er, wir müssten uns unbedingt am nächsten Tag wieder treffen. Ich bleibe ihm die Antwort schuldig.

Surrendar und ich schlenderten durch die Altstadt zurück und schoben das Moped. Die Sonne war untergegangen. In der Dämmerung schaute ich zu der Festung auf dem Sandsteinfelsen empor. Ich dachte etwas wehmütig an die Rajputen vergangener Tage zurück. Sie hatten sich verändert. Aus den Wüstenkriegern waren Rechtsanwälte geworden wie Bakthaver Singh, Händler wie Narpad Singh, Bankangestellte und Studenten wie Manor und Narrendar oder Künstler. Und Surrendars Motorrad-Onkel? Einer der letzten richtigen Rajputen? Ich verwarf den Gedanken. Die echten

Rajputen hatten ihr Leben zur Verteidigung ihrer Reiche, Festungen und Familien aufs Spiel gesetzt. Wir gingen weiter. Und dann hörte ich plötzlich Musik. Aus irgendeinem Haus schallte ein Lied aus einem quäkenden Radio: *»...and the times they are a-changin'«*. Es war ein altes Lied von Bob Dylan, und ich fand, er hatte Recht.

In den Straßen von Jodhpur

Nach einer Woche hatte sich die Hochzeitsaufregung allmählich gelegt. Es war genug gegessen, getrunken und gefeiert worden. Man hatte ausgiebig über die alten Zeiten gesprochen und über die neuen geklagt, und nun machten sich auch die letzten Gäste auf den Weg nach Hause. Surrendar und ich zogen um von Bakthavers Haus im Neubauviertel am Stadtrand zu Surrendars Großmutter in die Altstadt, in den Chandpol-Bezirk, der nach einem der Stadttore benannt war.

Das Haus war groß, aber, so erzählte Surrendar, bescheiden im Vergleich zu dem Besitz, den seine Großmutter noch zu Lebzeiten ihres Mannes ihr Eigen nannte. Surrendars Großvater war ein Fürst und ein hoher Beamter in der Regierung gewesen. Ein ganzes Dorf soll diesem Mann gehört haben, der so einflussreich war, dass er zwischen dem Maharadscha von Jodhpur und der britischen Kolonialregierung vermittelte.

Nach dem Tod ihres Mannes blieb der Witwe schließlich nur noch das Haus in der Altstadt, in dem sie nun mit einigen Verwandten und dem jungvermählten Ehepaar lebte. Immerhin war das Haus noch groß genug, um es auch an andere Familien zu vermieten; einen Seitenteil hatte sie überdies an eine staatliche Schule für Mädchen verpachtet. Tagsüber war der Innenhof voll von ihren grünweißen Schultrachten und roten Strümpfen, von ihrem Lachen, ihrem Geschwätz, ihren Spielen und dem strengen Ton der dicken Lehrerin, die sie zur Ruhe mahnte. Gegen Abend blieben nur ein paar Ziegen übrig und ein Hund, der die Staupe hatte und kaum noch Zähne im Maul. Er lag neben der Toreinfahrt

Im Haus von Surrendars Großmutter ist auch eine Mädchenschule untergebracht

in einem Haufen von Abfall und schaute jeden, der eintrat, aus matten Augen an. Sooft ich an ihm vorbeiging, tat er mir Leid. Aber die Nachbarskinder lachten nur und ärgerten ihn; doch er hatte nicht mehr die Kraft, ihnen nachzustellen, und so blieb er einfach liegen.

Vom Tor aus gelangte man in den kleinen Innenhof mit dem tiefen Brunnen und von dort über Treppen zu den verschachtelten Dachebenen, die mit ihren Außengängen und Brüstungen dem Haus den Charakter einer trutzigen Festung gaben. Von den Dächern aus, auf denen ich wegen der Hitze nachts meistens schlief, konnte ich einen großen Teil des Stadtviertels überblicken.

Morgens, wenn ich aufstand, und abends, wenn ich mich aufs Dach begab und die untergehende Sonne die Burg hoch über der Stadt rot färbte, winkten mir oft die Kinder von den angrenzenden Dächern zu, während ihre Väter Pfeife rauchten und ihre Mütter Wäsche aufhängten und so die Dächer in ein Meer von Farben tauchten.

Nachdem die Hochzeitsgesellschaft abgereist war, kehrte wieder Ruhe in das Haus ein, und eines Morgens nach dem Frühstück beschloss ich, mir ein Fahrrad zu mieten und den Tag durch die Stadt zu fahren. Ich wusste, dass ein Fahrradhändler ein paar Häuser weiter wohnte, und so suchte ich ihn auf. Der Mann war alt und sprach kein Englisch; doch sein zehnjähriger Enkel verstand sofort, was ich wollte, und erklärte es seinem Großvater. Der Alte nahm einen Bleistift, schlurfte zu einem Regal im Dunkel des Raumes und kehrte mit einem staubigen Buch zurück. Die letzte Eintragung war vor langer Zeit gemacht worden, denn die Schrift war schon fast verblasst. Sorgfältig schrieb er meinen Namen nieder, schaute dann auf seine Taschenuhr, deren Deckglas gesprungen war, und notierte die Uhrzeit. Danach stand er mühsam auf, gab mir den Fahrradschlüssel und führte mich zu einem Rad, das wohl so alt sein mochte wie der Greis selbst. Als ich ihm das Geld im Voraus geben wollte, wehrte er ab. So machte ich mich auf den Weg und radelte durch die engen Gassen in Richtung Stadtzentrum: vorbei an den Bergen von Steinen und Schutt, die immer wieder zwischen den Häusern und auf der Straße lagen und von denen nachts die Armen nahmen, um daraus ihre Elendshütten am Rande der Stadt zu bauen, durch das Moslemviertel mit seinem Heer von nackten Kindern, die mir aus großen fragenden Augen nachsahen, nur um dann weiter mit ihren Steinen und Stöcken zu spielen, vorbei an der kleinen Busstation, von der täglich klapprige Überlandbusse in alle Himmelsrichtungen abfuhren, bis ich schließlich auf größere Straßen kam, die mich zur Stadtmitte führten. Die Straßen in Jodhpur hatten keine Namen, und wenn sie welche hatten, schien sich niemand darum zu kümmern. Nirgendwo hingen Schilder. Die Inder orientierten sich an der Festung in der Mitte der Stadt, und es dauerte nicht lange, und ich bediente mich desselben Systems.

Je näher ich dem Zentrum kam, desto dichter wurde der Verkehr und umso mehr musste ich aufpassen, denn in Indien gab es offenbar keine Straßenverkehrsordnung. Hier war sich jeder selbst der Nächste, und es galt das Gesetz des Stärkeren: Fußgänger waren das Freiwild der Fahrradfahrer, diese wiederum unterlagen den Mofas; die Mofas respektierten die dreirädrigen Autorikschas; die Hupen der Rikschas schnarrten ängstlich, wenn sich ein Taxi in wilder Fahrt näherte. Die Autos schließlich wurden von den schweren Lastwagen und Bussen in den Graben gedrängt. Dann waren da noch Kamelgespanne auf den Straßen und Ziegenherden und Kühe, die einfach herumstanden oder mitten auf der Kreuzung lagen und in die Gegend schauten. Und inmitten dieser Zusammenballung von Blech, Fleisch, Hitze, Gehupe und Gedröhne, lauten Schreien und Abgasen stand ein Polizist in seiner strahlend weißen Uniform auf einem kleinen Podest. Er war bemüht, das Unmögliche möglich zu machen – Ordnung in das Chaos zu bringen, das sich doch nicht bändigen ließ, weil es ihn nicht beachtete. Und so ging der schrille Ton seiner silbrigen Pfeife im Lärm des Verkehrs unter.

Endlich hatte ich das Stadtzentrum erreicht und stellte mein Fahrrad vor einem Schuhgeschäft ab. Ich schaute auf meine Uhr – erst zehn, und doch war es schon brütend heiß. So schlenderte ich zu einem Verkaufsstand und fragte nach »Limca«, einer indischen Limonade. Der behäbige Verkäufer taxierte mich.

»*Five Rupees*«, sagte er schließlich. »*Two-fifty*«, hielt ich entgegen – Kopfschütteln seinerseits; endlich trank ich sie für drei Rupien und danach noch eine. Gegenüber dem Stand saß ein Inder im Schneidersitz und machte eine Blumenkette, indem er sorgfältig einen Faden durch die Blüten zog. Es war eine jener Ketten, mit denen mich Surrendar bei meiner Ankunft begrüßt hatte. Als der Mann fertig war, hielt er einen Moment inne, und dann begann er an einer neuen Kette zu arbeiten; doch Kunden kamen nicht. Ich gab die leere Flasche zurück und machte mich zu den Basaren im Uhrenturmviertel auf. Die Häuser am Rande der breiten Straße waren aus Stein, unverputzt, als wären sie erst gestern

Kamele sind in Rajasthan immer noch unentbehrlich

fertig gestellt worden; überall an den Außenwänden prangten knallige handgemalte Werbungen, manche Jahre alt – aber wofür auch neue malen bei den wenigen Produkten, die in Indien neu auf den Markt kamen? Ein Hirte trieb seine Schafherde über die Straße, ein Taxi kam hupend angefahren, ein paar Tiere gerieten in Panik – doch es geschah nichts.

An einer Straßenecke rief ein kleiner Junge nach mir: »*Hey, friend, what do you want?!*« Er saß unter einem alten löchrigen Regenschirm, der ihn vor der Sonne schützte. Um seine spindeldürren Beine herum lagen Lederreste, fertig geschnittene Schuhsohlen, ein paar alte Schuhe und Lederwerkzeug. Er zeigte auf meine staubigen Schuhe und sagte: »*You want them clean? I do it!*« Blitzschnell hatte er aus seiner Plastiktüte schwarze Schuhcreme gezaubert. Ich musste lachen und machte ihm klar, dass Leinenturnschuhe und Creme nicht gut zusammenpassen. Enttäuscht schaute er mich an. Als ich mich zum Gehen wandte, hatte er schon einen anderen potenziellen Kunden angehalten, bei dem er eine lose Sohle erspäht hatte.

Der Kleine war ein Unberührbarer oder »Harijan«, wie Mahatma Gandhi sie euphemistisch genannt hat – Kinder Gottes. Die Unberührbaren gehören zu der niedrigsten Schicht der indischen Kastengesellschaft, deren Grundstein etwa 1500 Jahre v. Chr. von den Aryas, einem in Indien eindringenden Hirten- und Nomadenvolk, gelegt worden war. Die Aryas oder Arier gehörten der indogermanischen Völkerfamilie an und kamen aus Zentraleuropa; sie waren hellhäutig, lehnten eine Rassenvermischung mit der dunkelhäutigen drawidischen Urbevölkerung ab und führten eine Ständeordnung ein, die den Menschen, nach Meinung der Arier, verschiedene gottgewollte Ränge zuwies. Aus den vier Ständen, die die Arier mit sich brachten und die mythischen Ursprungs waren, bildeten sich später die Kasten Indiens. Im Allgemeinen werden diese Stände auch Hauptkasten genannt und die daraus resultierenden eigentlichen Kasten, die heute in Indien auftreten, Unterkasten. Zu den Hauptkasten gehören die Brahmanen, das waren ursprünglich Priester und Gelehrte; die Kshatriyas, Krieger; die Vaishyas, Händler, Bauern und Kaufleute, und die Shudras, Arbeiter. Streng genommen gehören die Harijans gar nicht zum indischen Kastensystem, sondern vegetieren an seinem Rande als »Unreine« oder »Unberührbare« vor sich hin. Die Begriffe der Reinheit und Unreinheit spielen in indischer Tradition, Kultur und Gesellschaft eine große Rolle. So würde ein orthodoxer Hindu nicht einmal Wasser von einem Unberührbaren entgegen nehmen, weil jener permanent bei seiner Arbeit mit Unreinem in Berührung kommt und dadurch selbst unrein wird. Harijans arbeiten nämlich in der Müllbeseitigung, verbrennen Leichen, häuten tote Tiere oder verarbeiten deren Leder wie der kleine Junge an der Straßenecke. Und da Hindus körperliche Unreinheit mit seelischer gleichsetzen, sind die Betätigungsfelder der Harijans ein wahrer Horror für sie. Ihre Religion befiehlt ihnen, jeden Kontakt mit den Unberührbaren zu meiden. Die Harijans aber befinden sich in einem Teufelskreis: Weil sie Unberührbare sind, haben sie kaum Zutritt zu anderen Berufen, und weil sie keine anderen Berufe ausüben können, bleiben sie Unberührbare. Zwar hat der moderne säkulare Staat Indien einen Artikel in seiner Verfassung, der das Land verpflichtet, diese so genannten *scheduled classes* vor »sozialer Ungerechtigkeit und allen Arten der Ausbeutung zu schützen«; doch ist der überwiegende Teil der Inder so traditions- und religionsverhaftet, dass der Erfolg des Artikels fragwürdig bleibt. Die für die Harijans reservierten Ausbildungsplätze in Wirtschaft und an Universitäten werden nur allzu oft unter der Hand für eine gehörige Summe an die Söhne und Töchter einflussreicher Familien verscherbelt. Und gerade in den Dörfern, wo Indien am konservativsten ist, werden die Unberührbaren sozial geächtet, indem sie am Rand der Siedlung leben müssen und ihnen der Zugang zum Dorfbrunnen verweigert wird. Dieses Kastensystem ist so sehr ein Teil der indischen Mentalität und greift so tief in alle Lebensbereiche ein, dass die meisten Inder sich kaum ein Dasein ohne eine solche Einteilung vorstellen können. Ich hatte dies selbst einmal erlebt. Eines Morgens hatte ein alter Mann aus irgendeinem abgelegenen Dorf Bakthaver Singhs Haus besucht und mit uns gefrühstückt. Lange hatte er mich beobachtet. Dann endlich fragte er mich etwas. Surrendar übersetzte wie gewöhnlich. Der alte Mann wollte wissen, ob wir in Deutschland auch Kasten hätten, und als ich verneinte, schüttelte er verständnislos den Kopf und murmelte: »Aber wie regelt ihr dann euer Zusammenleben? Wie finden eure Eltern die richtige Frau für euch?« Ein Land ohne Kasten war für diesen alten Inder etwas, das jenseits seiner Erfahrung und Verständnismöglichkeit lag.

Ich schaute mich noch einmal um. Der kleine Junge saß wie-

Ein kleiner Schuhputzer wartet auf Kundschaft

der unter dem Schirm, den Kopf auf die Arme gestützt, und war-
tete auf den nächsten Kunden. Es gab Tausende dieser Jungen in
Indien – alle mit dürren Armen und dürren Beinen. Sie saßen an
Straßenrändern, standen an Häuserwände gelehnt, lagen auf
Mauern, und alle riefen sie »*Hey, what do you want*«, um auf sich
aufmerksam zu machen. Oft waren es die einzigen englischen
Worte, die sie kannten. Ohne mich noch einmal umzudrehen, ging
ich weiter und kickte einen Stein durch den Staub vor mir her.

Zum Uhrenturmviertel hin wurde die Straße noch belebter.
Schnarrende Rikschas bahnten sich geschickt ihren Weg durch
eine Gruppe von Frauen mit Tongefäßen auf den Köpfen. Ein alter Mann schleppte einen Sack mit Getreide auf dieselbe Art in
Richtung Basar. Sein Blick war starr geradeaus gerichtet, seine
Arme ausgemergelt, sein Gang unsicher. Ich ging weiter, bis mir
eine Menschenmenge den Weg versperrte. Sie hatte sich um einen
Zwerg geschart, einen Krüppel. Er hatte ein rosafarbenes Kinder-
kleid an und ein Tuch in derselben Farbe um seinen Kopf gewi-

ckelt. Vor ihm standen eine Messingschale mit ein paar Münzen und ein Trinkbecher. Er saß auf einer schmutzigen Matte und las den Leuten aus der Hand. Die meisten hockten sich hin, denn der Krüppel war nicht größer als einen halben Meter. Ich ging weg, irgendwie peinlich berührt. Die Inder jedoch schienen diese Art von Peinlichkeit nicht zu kennen, und es scharten sich immer mehr Menschen um den Zwerg. Denn vielleicht konnte er ihnen sagen, wann der richtige Zeitpunkt zum Heiraten wäre oder wie man Unglück aus dem Weg gehen könnte.

Der Girdikot- und der Sardar-Markt, die beiden Basare am Uhrenturm, von denen es heißt, ihre Anlage gehöre zu den wenigen sorgfältig geplanten Stadtmärkten Indiens, waren voller Menschen, Stände und Tiere. Es herrschte ein Gedränge, Geschiebe und Gestoße. In der Luft vermischten sich die Gerüche von Gewürzen und Obst mit dem Gestank von Tierausdünstungen und den Abgasen der Autorikschas, die selbst in den engen Gassen des Basars fuhren. Am Rande des Marktes saßen die Barbiere in langen Reihen; die wenigen Handwerkszeuge, die sie hatten, Schere, Kämme und Rasiermesser, lagen im Staub neben ihnen. Einige bedienten Kunden. Sie stutzten Bärte, schnitten Haare oder trugen Rasierseife auf, um sich dann mit gefährlich großen Messern ans Werk zu machen. Mit stoischem Gesichtsausdruck ertrugen die Klienten die Prozedur. Einer der Barbiere rief mich zu sich: »I cheap, sir, very cheap.« Nach einem Blick auf seinen schmuddeligen Kamm erklärte ich ihm, dass ich eigentlich mit meiner Frisur ganz zufrieden sei, auch wenn er sehr preiswert arbeite.

Den Barbieren folgten die vielen illegalen Kleinhändler, die Stoffe und Kleider anboten, die sie auf den heißen Steinen ausgebreitet hatten. Zwischen ihnen standen Karren mit Äpfeln, noch grünen Bananen, Mangos und Gemüse. Die Fliegen waren in der Hitze die besten Kunden der Obst- und Gemüsehändler. Ein fetter Verkäufer verscheuchte fluchend das Ungeziefer mit einem Blätterwedel. Als er mich sah, zeigte er mir ein freudiges Zahnlückenlächeln und rief: »*Come, best fruit and vegetables of whole market.*« Ich kaufte mir ein paar der besser aussehenden Bananen und ging kauend weiter zum eigentlichen Basar. Dort hatten die Händler wegen der Hitze Leinen- und Baumwollplanen über ihre Stände gehängt, sodass schattige, überdachte Gassen entstanden waren. Ich schlenderte vorbei an Ständen mit Metall- und Kupfergeschirr, mit Sandalen und anderem Schuhzeug; vorbei an feilschenden Händlern und ihren Kunden, die, so schien es zumindest, nichts anderes zu tun hatten, als den ganzen Tag um den Preis von Gemüse oder ein paar Granatäpfeln zu streiten. Hatten sie sich endlich geeinigt, waren beide Parteien zufrieden, verabschiedeten sich, und der Kunde ging zum nächsten Stand. Der Händler bediente einen anderen Kunden, und die Feilscherei ging von vorne los. Kleine Kinder in Schuluniform liefen laut lachend durch den Basar, spielten Fangen, neckten sich gegenseitig oder rannten in einem Schwarm hinter mir her und kreischten: »*You take picture of me!* – Mach ein Bild von mir!« *Sadhus*, Wanderpriester und falsche Priester gingen vereinzelt umher mit Blechnäpfen und bettelten hier und dort um etwas Essen oder Geld. Anfangs konnte ich die Scharlatane von den wirklichen *sadhus*, den heiligen Männern, nicht auseinander halten; denn gab ich ihnen etwas, hagelte es Segnungen von beiden Seiten. Erst, als ich ihnen nichts gab, schieden sich die Geister: Die echten Priester lächelten mich an und gingen ihres Weges, die Betrüger rollten mit den Augen und kamen mir nach.

An einer Ecke stand ein Getränkeverkäufer, der *lassi* anbot, ein Milch-Joghurt-Getränk. Und etwas weiter entfernt schenkte ein Mann aus bauchigen Tongefäßen Wasser aus. Ein paar Inder standen um ihn herum und schütteten sich das Wasser nach typischer Rajasthani-Art in den Hals, ohne das Glas dabei mit den Lippen zu berühren. Ich selbst hatte ein paar Mal versucht, auf diese Weise zu trinken, und dabei meine Gastgeber jedes Mal gut unterhalten; denn entweder verschluckte ich mich und hustete dann fürchterlich durch die Gegend, oder es gelang mir nicht, rechtzeitig zu schlucken, und das Wasser lief mir aus dem Mund. Dabei war diese Art zu trinken nicht nur äußerst praktisch, da sie die Übertragung von Krankheiten verhinderte, sondern sie gewährleistete auch die Reinheitsvorschriften des Hinduismus. Wusste man denn, wer vorher aus demselben Glas getrunken hatte? Der Verkäufer jedenfalls machte sich nicht die Mühe, die benutzten Gläser auszuwaschen, sondern er putzte sie an seinem alten Hemd ab, hielt sie gegen das Licht und wiegte dann den Kopf zufrieden hin und her. Als ich genug vom Basar hatte, machte ich mich auf den Rückweg zu meinem Fahrrad. Es war mittlerweile kurz nach zwölf, die heißeste Zeit des Tages, und ich überlegte, ob ich zurückfahren sollte, um den Nachmittag im Schatten zu verbringen; doch ich entschied mich weiterzufahren.

Heute weiß ich nicht mehr, wie ich schließlich in den Teil der Stadt gekommen bin, den ich seitdem nicht mehr vergessen konnte, die Slums. Ich hatte mich wohl verfahren, denn noch war ich zu ungeübt, nur die Festung als Orientierungshilfe zu benutzen. Schließlich hatte ich mich in den verwinkelten Gassen gründlich verirrt. Es war heiß. Meine Kleidung und meine Haare waren schmutzig vom Schweiß und vom Staub der Straße. Ich stieg vom Fahrrad. Das Herumfahren in der Mittagshitze hatte mich erschöpft.

Anfangs hatte ich nicht bemerkt, dass sich die Häuser veränderten, dass sie kleiner, schäbiger und spärlicher wurden; doch dann konnte ich es nicht mehr übersehen: Ich war in den Elendsvierteln der Stadt. Die Häuser hatten Hütten Platz gemacht, aus zusammengetragenen und notdürftig übereinander gestapelten Steinen oder aus Holz- und Blechresten. Vor ihnen saßen Menschen apathisch in der gleißenden Sonne. Manche lagen unter verdorrten Bäumen, deren blätterloses Geäst längst keinen Schatten mehr spendete. Eine Frau hielt ihr Baby an ihre schlaffe Brust. Es schrie. Langsam ging ich weiter. Ihre Blicke folgten mir. Mein Hals war ausgetrocknet. Rechts vor mir saß ein kleiner Junge und machte an den Straßenrand. Kurz darauf kamen ein paar Altersgefährten und spielten zusammen mit dem Kleinen und dessen Kot. Eine Kuh verendete im Straßengraben. Schleim lief aus ihrem offenen Maul. Ihre glasigen Augen starrten ins Leere. Und über allem brannte die Sonne. Die Luft war voll vom Gestank nach Abwässern, Urin und Verwesung. Ich kämpfte gegen Übelkeit an und ging weiter. Die Inder schauten mir nach. Ein paar standen auf und folgten mir. Hände schoben Steine von Eingängen fort, und Menschen krochen aus Erdhöhlen. Mit großen Augen sahen sie mich an und kamen näher. Der Abfall, der Schutt; die Menschen mit ihrem gebeugten Gang; die Hunde und Kühe mit ihren Ekzemen und Geschwüren und fehlenden Fellpartien – ein Bild wie nach einer atomaren Apokalypse. Mir wurde schwindelig. Die Menschen kamen näher. Als ich die Augen wieder aufmachte, sah ich, dass ein paar Jugendliche Steine in den Händen hatten und auf mich zeigten. Der erste Stein landete vor mir im Staub, der zweite traf mein Fahrrad, der dritte traf mich. Ich schwang mich aufs Rad und trat in die Pedale; die Richtung war mir egal, nur weg von hier. Zwei weitere Steine trafen mich am Bein und am Kopf. Die Inder schrien. Ein paar rannten mir nach. Ich fuhr schneller, sah den großen Stein nicht, der halb mit Sand bedeckt war. Der Reifen wurde abgelenkt; ich fiel, konnte mich aber mit dem Fuß abstützen. Hinter mir hörte ich das Geräusch von laufenden Füßen im Sand. Dann hatte ich das Rad wieder unter Kontrolle. Schweiß lief mir das Gesicht hinunter; doch ich fuhr und fuhr und fuhr. Endlich erreichte ich eine Straße, die ich kannte. Wie ein Irrer fuhr ich weiter, bis ich schließlich einen Kilometer später völlig erschöpft anhielt. Ich ließ das Fahrrad fallen und ließ mich in den Sand sinken. Ein paar Inder, die auf Mopeds an mir vorbeifuhren, lachten und schüttelten die Köpfe – wieder so ein verrückter Westler. Irgendwann stand ich wieder auf, ging zu meinem Rad und machte mich auf den Heimweg. Ich fragte mich, warum sie mit Steinen nach mir geworfen hatten und was wohl passiert wäre, wenn sie mich eingeholt hätten. Auf die erste Frage fand ich keine Antwort, und den zweiten Gedanken wollte ich lieber nicht zu Ende spinnen. In der folgenden Nacht schlief ich schlecht. Die Bilder des Nachmittags gingen mir nicht aus dem Kopf und setzten sich in meinen Träumen fort. Als ich am nächsten Morgen aufwachte, fühlte ich mich müde und zerschlagen.

Gegen Mittag fuhren Surrendar und ich mit dem Moped zum Umaid-Bhavan-Palast. Der ehemalige Maharadscha von Jodhpur, Umaid Singh, hatte ihn in den Jahren 1920 bis 1943 aus Marmor und rotem Sandstein erbauen lassen – unter der Leitung des Präsidenten des königlich britischen Architekturinstituts. Der Palast steht in einem der Außenbezirke der Stadt, mitten im Nichts auf einem Hügel, an dessen Fuß sich einmal ein kleiner See befunden hatte mit Wasserbüffeln, die gelangweilt in der Gegend herumstanden. Doch nun war der See durch die lange Dürre ausgetrocknet, und Wasserbüffel gab es auch nicht mehr. Surrendar und ich fuhren die gewundene Straße zum Palast hoch, der in der öden Umgebung wie eine Fata Morgana wirkte. Wir passierten das Eingangstor und parkten das Moped neben einem Schutthaufen, der nicht so ganz zu dem angloindischen Stil des Palastes im Hintergrund passen wollte. Einen Teil des Gebäudes hatte der jetzige Maharadscha zu einem Luxushotel und einem Museum ausbauen lassen, und so kauften wir bei einem uniformierten Wächter zwei Eintrittskarten. Ein Angestellter mit einem roten Turban und der Livree eines Dieners führte uns durch die hohen Räume des Museums; durch die kleinen Fenster fiel spärliches Licht. Mit gelangweilter Stimme erklärte er die verschiedenen Geschenke, die der alte Maharadscha einst aus aller Welt bekommen hatte. Dann zeigte er uns das palasteigene Kino, den Konferenzsaal und schließlich den Tanzsaal. Am Ende der Tour gaben wir ihm sein Trinkgeld, und im Nu war er verschwunden.

Eine Glastür führte zur rückwärtigen Front des Gebäudekomplexes, und ich staunte, als ich den riesigen grünen Garten sah, gepflegt wie vornehmster englischer Rasen. Ich fragte mich, wie viele Tausende Liter Wasser in dieser Hitze wohl nötig waren, um den Rasen so grün zu erhalten. Denn Wasser war eigentlich in der Stadt rationiert, und manchmal setzte die Versorgung für ein paar Stunden völlig aus. Und dann dies!

Musik führte uns schließlich zu den Hotelräumen des Palastes – Wagner. Irgendwie unpassend inmitten der indischen Wüste; genauso unpassend wie der Palast selbst mit seinen Tischen aus Elefantenohren und den muffigen ausgestopften Tigern. Im Speisesaal sorgte die Klimaanlage für eisige Kälte. Ein Paar saß in einer Ecke des Raumes und unterhielt sich leise – englische Touristen. Ein Diener geleitete uns zu einem der Tische: schneeweiße Tischdecken und Tafelsilber. Wir bestellten etwas zu trinken und ignorierten die hochgezogene Augenbraue des Dieners, als wir sagten, dass wir nicht zu Mittag essen wollten. Ich schaute durch das Fenster auf den Garten. In der Ferne konnte ich schemenhaft Jodhpur erkennen. Der Diener kam mit unseren Getränken. In seinem goldbestickten Anzug sah er selbst aus wie ein Fürst, und plötzlich wurde ich mir meiner eigenen Kleidung peinlich bewusst: ein verschwitztes T-Shirt, staubige Leinenhosen und Turnschuhe. Ich fühlte mich unwohl inmitten all dieses Pomps, der ein Relikt aus der Zeit war, als die Maharadschas noch Macht und Einfluss hatten, britische Offiziere hier Partys gaben und der Ballsaal in festlichem Glanz erstrahlte. Ich schaute wieder aus dem Fenster. Welch ein Unterschied zur Stadt!

»Wie können die Inder nur damit leben«, fragte ich Surrendar, »die Slums, die unglaubliche Armut, der Dreck, die Krankheiten – und dann das hier: protzig und übertrieben und verschwenderisch. Das ist doch schizophren.« Dann erzählte ich ihm, wie elend ich mich manchmal fühlte, wenn ich durch die Straßen ging und die Bettler mir folgten, wenn sie an meiner Kleidung zerrten und aus zahnlosen Mündern um »Bakschisch, Bakschisch« baten.

»Ich habe dich gewarnt«, sagte Surrendar. »Ich habe dir erzählt, was dich erwartet.«

Ich schüttelte den Kopf. »Es gibt Sachen, die kann man nicht erklären, die muss man sehen.«

Surrendar lehnte sich zurück. »Du lässt dich von der Armut überwältigen. Plötzlich fängst du an, nur noch das Schlechte zu sehen – die Armut, den Dreck, die Bettler. Die Hitze tut ein Übriges. Und schon ist alles gleich schlecht. Sieh doch auch mal die schönen Seiten von Indien. Dies ist eine völlig andere Welt.«

»Dr. Joseph Murphy und das positive Denken lassen grüßen«, feixte ich und erzählte ihm von meinem Erlebnis in den Slums am Vortag.

Surrendar schaute mich nachdenklich an. »Es ist schon merkwürdig«, sagte er. »Wir sehen täglich hungernde Menschen auf dem Bildschirm. Wir hören so oft von Dürrekatastrophen im Radio. Und wenn wir es einmal mit eigenen Augen sehen, dann sind wir geschockt. Dann sagen wir, die Welt sei ungerecht und schlecht.« Er schüttelte den Kopf.

Ich schaute auf mein leeres Glas und wusste, dass er Recht hatte. Wir bezahlten. Auf dem Weg nach draußen tätschelte ich einem der ausgestopften Leoparden den Kopf. Unbeweglich starrte er mir hinterher. Der Wächter am Eingang grüßte, als wir an ihm vorbei die Straße hinabfuhren. Langsam lösten sich die Konturen des Palastes in der Mittagshitze auf. Ich war froh, ihn verlassen zu haben. Schon bald waren wir wieder mitten im Verkehr, der unablässig in die Stadt hinein- und aus der Stadt herausströmte.

»Tridev« – eine Hindi-Seifenoper

Die Nachmittage in Jodhpur dümpelten träge vor sich hin. In dieser Zeit lag ich meistens auf meinem Bettgestell unter dem Ventilator, während die Sonne auf die blau getünchten Lehmhäuser Chandpols brannte und jede Bewegung zur Qual machte oder ein heißer Wind von der Wüste her über die Stadt wehte. Eines Nachmittags blätterte ich lustlos eine Hindi-Zeitschrift durch und fragte mich, ob sich mein Körper wohl jemals an das Klima gewöhnen würde, als eine Anzeige meine Aufmerksamkeit erregte. Es war eine Kino-Werbung in Englisch. »›Tridev‹ – Eine vulkanische Saga dreier empörter Männer, die mit der Korruption ein Ende machen wollen«, versprach die Ankündigung. Ich hatte schon viel von indischen Filmen gehört, aber noch nie einen dieser Hindi-Filme gesehen, von denen mir Surrendar so viel erzählt hatte. Die Anzeige hatte mich neugierig gemacht. Was konnte es an diesem Nachmittag Besseres geben, als in einem kühlen Kino zu sitzen und selbst Zeuge eines jener bunten Spektakel zu werden?! Bekannte hatten mir diese Filme vor meiner Abreise als ein kulturelles »Muss« empfohlen. Dabei machte es wenig aus, dass ich die Sprache nicht verstand. Aufgrund der Sprachenvielfalt im eigenen Lande ist der *plot* des Hindi-Filmes nämlich einfach genug, damit er notfalls auch ohne Sprachkenntnisse mitverfolgt werden kann. Schließlich wäre es ja auch unrentabel, den Film für jede der vierzehn offiziell anerkannten Sprachen und weit über zweihundert Dialekte in Indien eigens zu synchronisieren. Und dass der Hindi-Film in Indien trotzdem ein Renner ist, steht außer Frage; davon zeugen die rund 70 Millionen Menschen, die jede Woche vor den zwölftausend indischen Kinos Schlange stehen. Aber nicht nur im Inland sind die Erzeugnisse der indischen Filmindustrie populär. Hindi-Filme sind zugkräftige Devisenbringer, die in fast hundert Länder, überwiegend in Asien, exportiert werden. Auch bei »Tridev« schienen die Produzenten das einfache Handlungsmuster eingehalten zu haben: Helden, Schurken und schöne Frauen als Dekoration.

Kurz darauf saßen Surrendar und ich auf dem Moped und fuhren ins Kino. Es waren nicht viele Menschen auf der Straße. Wer es sich leisten konnte, hatte sich in den Schatten der Gebäude zurückgezogen. Ein paar Kamelkarren fuhren Steinladungen durch die Gegend; die Fahrer, meist junge Burschen, riefen uns nach. Wir überholten einen Fahrradfahrer, der einen Eisblock, mit Decken umwickelt, auf seinem Gepäckträger festgeschnallt hatte – Kühlschränke gab es hier meist nur auf Werbeplakaten. Eine alte Frau im zerlumpten Sari fegte mit einem Rutenbüschel den Staub

Bunte Plakate werben für die populären Hindi-Filme

63

von der Straße. Eine Sisyphusarbeit, denn der nächste Windstoß machte ihr ganzes Werk wieder zunichte. Als wir beim Kino ankamen, mussten wir feststellen, dass wir nicht allein Zeitung lasen. Wahrscheinlicher aber war, dass der neue Film sich durch Mundpropaganda herumgesprochen hatte. Eine Schlange von Menschenleibern wand sich um mehrere Straßenecken und endete vor den Eisengittern des noch geschlossenen Filmtheaters. Der Star des Filmes lächelte scheinbar belustigt von dem überdimensionalen, handgemalten Filmplakat auf die Menschenmasse unter ihm herab. Ich schätzte die Zahl der Wartenden auf etwa vierhundert und hatte den Film für diese Vorstellung schon abgeschrieben, als Surrendar das Moped plötzlich wendete. »Vielleicht habe ich eine Möglichkeit, doch noch Karten zu bekommen«, sagte er und fuhr mit mir zu Narpad Singh in das Händlerviertel. Narpad begrüßte uns, hörte Surrendar aufmerksam zu und führte uns schließlich zu einem heruntergekommenen, unscheinbaren Lehmhaus.

»Jetzt werden wir dich mit einem Redakteur bekannt machen. Dürfte dich interessieren. Du willst doch Journalist werden«, lächelte Surrendar, während meine Verwirrung stieg. Was hatte dies alles mit unserem Film zu tun?

Durch eine enge Toreinfahrt gelangten wir in einen schattigen Innenhof, in dem ein paar Kühe gelangweilt herumstanden und uns aus großen Augen blöd anglotzten, als wir an ihnen vorbeigingen. Schließlich standen wir vor einer weiteren Tür, und Narpad klopfte vorsichtig an. Eine Stimme antwortete, und wir traten ein. Auf dem Steinboden saß ein Fleischberg von einem Mann mit überkreuzten Beinen auf einer Strohmatte und faltete Zeitungen. Mit flinken Bewegungen, die ich ihm bei seiner Masse gar nicht zugetraut hätte, warf er die gefalteten Exemplare in einen dafür vorgesehenen Korb. Um den Mann herum wieselte ein Zwerg, der selbst im Stehen kleiner war als der Koloss im Sitzen; ich schätzte ihn auf höchstens einen Meter. Mit unruhigen Augen schaute uns der Kleine an, während der Fleischberg keine Anstalten machte aufzustehen, uns aber mit einer fahrigen Gebärde zum Sitzen einlud. Im Hintergrund sah ich die Reste eines angebrochenen Mahles: *chapatis,* das unvermeidliche *dal,* ein Linsengericht, und Mangoscheiben, an denen sich nun eine schwarze Masse von Fliegen gütlich tat. Eine Katze schlich aus einer dunklen Ecke des Raumes und rieb schnurrend ihren mageren Körper an meinem Bein. Während ich noch immer das ungleiche Paar in der Mitte des Raumes anstarrte, stellte Narpad uns vor. Der Fleischberg war der Redakteur, von dem Surrendar eben gerade noch gesprochen hatte, der Zwerg sein Gehilfe.

»Wie heißt denn seine Zeitung?«, wollte ich wissen und hob eine Ausgabe vom Boden auf. Es waren vier Blätter, die über und über in Hindi bedruckt waren; so eng, dass man von ferne den Eindruck hatte, eine schwarze Seite vor sich zu haben. Der Redakteur faltete ein weiteres Exemplar, zielte und warf es geschickt in den Korb.

»*Der Freund der Armen*«, übersetzte Surrendar die würdevolle Antwort des Mannes auf der Strohmatte. Ein ungewöhnlicher Titel, dachte ich. Doch Surrendar erklärte mir, was es damit auf sich hatte. Der Mann vor mir, der von allen ehrfürchtig der »Redakteur« genannt wurde, war in gewissen Kreises Jodhpurs gefürchtet, denn das Hauptthema seiner Zeitschrift war einer der wunden Punkte Indiens, nämlich die Korruption. *Der Freund der Armen* deckte Woche für Woche solche Fälle in Jodhpur und Umgebung auf. Dass dies ein schier unerschöpfliches Thema war, bewiesen nicht nur das fünfjährige Bestehen der Zeitschrift, sondern auch die zahlreichen Briefe und Hilfegesuche, die dem Redakteur ständig zugesandt wurden. Erreichte ihn nun ein solches Gesuch, ging er der Beschuldigung nach und klagte – wenn sie sich als wahr erwies – den Betreffenden öffentlich in seinem Blatt an, das er auch an einflussreiche Kreise der Stadt verschickte. Natürlich hatte ihm dies auch eine beträchtliche Reihe von Gerichtsprozessen eingebrockt, doch rühmte er sich, keinen einzigen davon verloren zu haben.

Als er schließlich hörte, wir hätten keine Karten mehr für die Vorstellung des neuen Films »Tridev« bekommen, lachte er, erhob sich mit unvorstellbarer Geschmeidigkeit, verschwand in seinem »Büro«, das mit seiner Küche identisch war, und telefonierte. Minutenlang hörten wir nur die ruhige, aber feste Stimme des Zeitungsmannes, die vom anderen Ende der Leitung keinen Widerspruch zu dulden schien. Wenig später kam er zu uns zurück, lächelte wieder und bemerkte, wir könnten ruhig noch einmal zum Kino fahren; die Karten lägen für uns an der Kasse bereit. Auf meine Frage, wie dies so schnell möglich gewesen sei, erwiderte er nur, der Kinobesitzer schulde ihm noch einen Gefallen. Dabei ließ er offen, ob dieser Gefallen einmal mit dem Hauptthema seiner Zeitung zu tun gehabt hatte. Wir bedankten uns und wenig später verließen wir den »Freund der Armen« und machten uns auf den Rückweg zum Kino.

Die Menschenschlange vor dem Kino war nicht kürzer, sondern noch länger geworden. Während die Inder am Ende der Reihe noch in aller Ruhe warteten, hatte der Kampf an den Kassen schon begonnen. Ein Knäuel von Menschen versuchte, Hände mit Geldscheinen durch den schmalen Kassenschlitz zu stecken, gleichzeitig die Mitbewerber von derselben Tätigkeit abzuhalten, die Eintrittskarte und schließlich noch das Wechselgeld entgegenzunehmen, um sich dann eine gute Startposition in der zweiten Schlange vor der Durchgangstür zum Foyer zu erkämpfen. Von der Beobachterposition aus hatte die ganze Situation etwas Unwirkliches, gar Komisches an sich; doch schienen die Inder meine Ansicht nicht zu teilen.

Eben noch hatte der indische *gentleman* seinen Konkurrenten an der Kasse elegant in die Rippen geboxt und sich so eine Eintrittskarte gesichert, doch nun, nachdem er siegreich aus dem Gefecht hervorgegangen war, schritt er gemessen und voll Würde mit dem halb zerrissenen Ticket auf den Kontrolleur am Eingang zu.

Surrendar und ich warteten, bis sich der Tumult halbwegs gelegt hatte, und holten dann unsere reservierten Karten ab. Im Foyer des Filmtheaters hatten sich dritte und vierte Schlangen gebildet, die sich entweder vom Platzanweiser den Standort ihres Sitzes erklären ließen oder vor dem Tresen auf kalte Getränke und Eiscreme warteten. Allerdings war die Stimmung hier schon wesentlich gelassener. Hatte man doch am Schluss noch eine Karte bekommen und konnte sich nun für drei bis vier Stunden in die Traumwelt des Filmes entführen lassen. Und tatsächlich ist dies einer der Gründe, warum viele Inder gerne ins Kino gehen. Der Film ist nicht nur eine angenehme, weil klimatisierte Überbrückung der lastenden Mittagshitze, er lenkt auch die Menschen, die sich den ganzen Tag auf dem Feld, beim Straßenbau oder mit anderem Handwerk abgeplagt haben, von ihren Sorgen und Nöten ab. Und mit einem Preis von zwei bis drei Rupien auf den billigsten Plätzen ist er auch für jedermann erschwinglich. Im äußersten Notfall wird der Eintritt eben schnell zusammengebettelt.

Während sich eine fünfte, sechste und siebte Schlange an den Ecken des Foyers bildete, wo aus Öffnungen Kaltluft strömte, schaute ich mich ein wenig im Raum um. An den Wänden hingen Poster von Filmankündigungen, alten Filmen, die zum unzähligsten Mal wiederholt wurden, weil sie so beliebt waren, und Werbeplakate. Dabei fiel mir auf, dass in den unterschiedlichsten Filmen immer die gleichen Gesichter und Stars auftauchten. Darauf angesprochen, erklärte Surrendar mir, dass es trotz der ungeheuren Zahl der Beschäftigten in der indischen Filmindustrie – es sind über zwei Millionen – nur eine geringe Zahl an Stars gebe. Und diese Idole seien nicht selten an fünfzehn bis zwanzig Filmproduktionen gleichzeitig beteiligt. Etwa sechshundert Filmzeitschriften, die im Moment in Indien publiziert würden, steigerten deren Ansehen so, dass manche Schauspieler oft wie Götter verehrt würden. Ich wollte schon zur Frage ansetzen, wie man denn hierzulande Filmstar werden könne, als uns die Menschenmasse in den eigentlichen Vorführraum hineindrängte. Als wir endlich saßen, hatte der Film schon angefangen. Riesige Ventilatoren schwenkten an den Wänden von Seite zu Seite und ließen im Verlauf des Filmes die Atmosphäre im Kino so gemütlich werden wie in einem Kühlschrank.

»Tridev« erwies sich als typisches Produkt der Bombayer Hindi-Film-Industrie, und ich fand, dass die Werbung, die ich in der Zeitung gelesen hatte, den Inhalt präzise wiedergab: Drei junge Männer werden von einem hinreißend bösen Schurken auf verschiedene Weise geprellt, schwören Rache (hier fiel das Publikum lautstark mit ein!), treffen sich schließlich und entscheiden sich für eine *joint action*, um dem Bösen ein für alle Mal seinen Logenplatz in der Hölle zu sichern. Während der Film auf der Leinwand vor sich hin flimmerte, schaute ich mich im Zwielicht des Kinos um. Die Besucher gaben sich den Geschehnissen vollkommen hin. Sie litten mit den Benachteiligten – denn diese Situation kannten sie selbst allzu gut –, bissen beim Kampf der Helden mit den Schurken die Zähne zusammen, pressten ihre Fingernägel in ihre Handflächen und fieberten dem Sieg des Guten über alle Fährnisse hinweg entgegen; denn das Happy End ist in einem echten Hindi-Film unvermeidlich.

Auch Liebesszenen gab es in »Tridev«. Doch liefen sie vollkommen anders ab als in westlichen Produktionen. Nicht einmal die Andeutung eines entblößten Beines gab es in diesem Film zu sehen. Stattdessen wurde jedes Mal eine Tanz- und Gesangsszene eingeblendet, in der Held und Geliebte choreographisch fein stilisiert in der Gegend herumhüpften und aus vollem Halse sangen – ein Pendant zu unserem Musical. Am Ende einer solchen Szene fuhren dann der Held und seine Erwählte in einem Ruderboot in den Sonnenuntergang – Wange an Wange. Dies war immerhin schon eine gewagte filmische Einstellung. Und ich hätte wetten können, dass der Inder neben mir, der eben noch beim filmischen Handgemenge ebenfalls seine Fäuste geballt hatte, nun wesentlich entspannter im Kinosessel saß und ein wenig schmachtend auf die Leinwand starrte.

Zum Ende hin wurde die Handlung jedoch noch ein wenig verkompliziert, weil die Angebetete eines der Helden entführt und vom Schurken als Geisel benutzt wurde. Doch auch dieses Hindernis wurde von dem sympathischen Männertrio souverän gelöst: Sie spürten den Bösewicht in seinem Schlupfwinkel auf und zersiebten ihn sorgfältig mit ihren Maschinenpistolen. Und spätestens hier musste ich Pier Paolo Pasolini, dem großen italienischen Filmregisseur, auf das Energischste widersprechen. In seinem Buch *Der Atem Indiens* hatte er nämlich geschrieben, dass »die Hindus das sanfteste, liebenswerteste und mildeste Volk sind, das man sich vorstellen kann«. Ich wünschte, Pasolini hätte im Moment dieses filmischen Finales neben mir sitzen können. Dann hätte er nämlich gesehen, wie viele der Hindus von ihren Sitzen aufsprangen, den Schurken lautstark beschimpften und bei seinem gewaltsamen Ableben begeistert applaudierten. Auch der Herr neben mir war aufgestanden und spendete frenetischen Beifall. Nachdem die Ordnung so nun wiederhergestellt war und das folgende Happy End die Gemüter ein wenig beruhigt hatte, verließen die Zuschauer friedlich den Saal.

Auch Surrendar und ich gingen, moralisch belehrt, dass sich das Böse nie auszahle. Korruption hatte keine Chance in Indien – zumindest nicht im Film. Als wir wieder hinaus in die flirrende Hitze traten, hatte sich schon die nächste Menschenschlange aufgebaut – noch waren sie friedlich. Aber wehe, wenn die Kassen geöffnet wurden.

Hindus, Jains und Christen

Es war wohl etwa sechs Uhr gewesen, als Surrendar, Narpad und ich uns auf einen kleinen Abendspaziergang gemacht hatten. Der Himmel war wolkenlos und klar. Wir gingen durch die Gassen Chandpols und unterhielten uns über Deutschland, Amerika und Indien. Narpad wollte wissen, ob er mit rotem Pfeffer auch in Deutschland einen so durchschlagenden Geschäftserfolg erzielen könne wir hier in Indien; doch ich musste ihm gestehen, dass ich von Geschäften wenig Ahnung hatte, vor allem nicht von der Attraktivität, die roter Pfeffer auf die verschiedenen Käuferschichten in Deutschland ausübe. »Schade«, sagte Narpad, und wir gingen weiter. Unterwegs trafen wir einen Cousin von Surrendar. Er war auf dem Weg zu einem Shiva-Tempel, der etwas außerhalb der Stadtmauern lag, und er lud uns ein, ihn zu begleiten. Wir durchquerten eines der vielen Tore der alten Stadtmauer, die einen Umfang von zehn Kilometern hatte und deren größter Teil selbst nach vierhundert Jahren noch intakt war, und gingen einen schmalen steinigen Pfad hinab.

Der Gott Shiva, dem die meisten Tempel in Indien geweiht sein sollen, gehört zur *trimurti*, einer Art hinduistischer Dreieinigkeit, die neben ihm noch die Aspekte des Gottes Brahma, des Schöpfers, und die des Gottes Vishnu, des Erhalters, erfasst. Neben diesen drei Göttern gibt es nach Angaben altindischer Erzählungen, den *puranas*, noch weitere 330 Millionen Gottheiten, Halbgötter, Geister und Dämonen – ein gewaltiges Pantheon also. Die Ursprünge des Hinduismus gehen auf den Vielgötterglauben der Arier und den Monotheismus der vorarischen Kultur im 1. Jahrtausend v. Chr. zurück. Im Gegensatz zum Christentum oder dem Islam ist der Hinduismus keine »Gründerreligion«, die von einer einzelnen Person ausging, sondern ein in Jahrtausenden entstandenes religiös-soziales System, das in alle Lebensbereiche der Gläubigen hineinreicht. Ziel dieser Religion ist die Befreiung der Seele *(atman)*, die ein Teil eines kosmischen Absoluten *(brahman)* ist, aus dem Kreislauf der Wiedergeburt. Die Wiedergeburt ihrerseits beruht auf dem Tun-Vergeltungs-Prinzip, dem *karma:* Jede Tat in diesem Leben – ob gut oder böse – hat ihre Konsequenz im nächsten Leben. Das Kastendenken ist eine Folge dieser Lehre vom *karma.* So verdankt ein Brahmane, in der Sicht eines Hindus, seine sozial hoch angesehene Kastenzugehörigkeit dem vorbildlichen Verhalten in seinem vorigen Leben, und ein Shudra muss dementsprechend in der Vergangenheit einiges falsch gemacht haben. Es ist auch dieser theoretische Überbau, der als Hintergrund für die Opferrituale, die *pujas,* dient und für den Glauben an die hinduistische Götterwelt, aus der sich viele Hindus meist einem Gott anvertrauen – welchem, das ist ihre persönliche Sache. Surrendars Cousin schien sich Shiva gewählt zu haben.

Nach einer halben Stunde erreichten wir den Tempel. Er lag in einem Akazienhain, und ich dachte, dass die Bäume in der Mittagshitze wohl angenehmen Schatten spendeten. In gehöriger Entfernung vom Trubel der Stadt herrschte hier wohltuende Ruhe, die nur manchmal von einem bunten Papagei unterbrochen wurde, der hoch oben im Geäst eines Baumes hockte und lärmte. Am Eingang zur Tempelanlage ließen wir unsere Schuhe zurück und wateten durch eine gehörige Schicht von Taubenkot. Linker Hand passierten wir einen kleinen See, der durch die anhaltende Hitze auf eine schlammig-gärende Masse geschrumpft war, die ab und zu blubberte, wenn Fäulnisgase aufstiegen. Ein paar Gläubige hatten sich auf Bänken vor dem Tempel niedergelassen oder saßen unter den Akazienbäumen und meditierten oder verrichteten ihre Abendgebete. Zwei Tempelpriester in orangefarbenen Gewändern saßen auf einer Holzbank, eifrig in ein Gespräch vertieft, und schenkten unserer Anwesenheit kaum Beachtung. Drei waagrechte Striche auf ihrer Stirn wiesen sie als Anhänger Shivas aus. Als wir den eigentlichen Tempel betraten, schlug mir der durchdringend süßliche Geruch von Räucherstäbchen entgegen. Ein Gong ertönte, ein Priester begrüßte uns und wünschte uns Frieden. Vor einer Skulptur, die Shiva tanzend in einem Flammenring darstellte, standen Schüsseln mit Opfergaben: Reis, Fruchtstücke, Kokosnüsse und Blumen. Aus einer der Schüsseln bot uns der Priester *prasad* an, das sind Opfergaben, die geweiht wurden und Heil bringen sollen. Surrendar nickte mir aufmunternd zu. »Es ist nichts anderes als Zucker«, erklärte er. »Nimm nur.« Danach malte uns der Inder mit Farbe ein heiliges Zeichen auf die Stirn. Wir gaben eine kleine Spende, verließen dann den Tempel und sahen uns in der näheren Umgebung noch ein wenig um. Etwa 200 Meter entfernt lag ein großer Brunnen, in dem frisches Wasser plätscherte, und Kinder, die darin badeten und sich mit Wasser bespritzten, lachten und forderten uns auf, auch ins Wasser zu kommen.

Wir verließen den Tempelbezirk kurz nach Einbruch der Dunkelheit und nahmen einen anderen Rückweg. Nachdem wir zwei Kilometer gegangen waren, kamen wir an einem verfallenen Haus vorbei, aus dem laute Stimmen drangen – eine erregte Fistelstimme und ein lallender Bariton. Plötzlich hörten wir Hunde kläffen, und aus der Nacht sprangen uns zwei große, schwarze Tiere entgegen, die uns gewittert hatten. Gefährlich fletschten sie ihre Zähne. Doch dann ließ sich der Bariton wieder vernehmen, der näher kam und beruhigend auf die Tiere einredete. Sie standen ruhig, aber gespannt. Der Mann, der sie zurückgehalten hatte, war beleibt und offensichtlich betrunken. Er lud uns ein, mit ihm in den Tempel zu gehen und uns mit dem Priester zu unterhalten. Tempel, dachte ich, was für ein Tempel? Er wird doch nicht diese Bruchbude meinen? In Anbetracht der Hunde jedoch, die uns noch immer lauernd ansahen, fiel es uns schwer, die Einladung abzuschlagen. Durch eine enge Tür erreichten wir den kleinen Innenhof, in dem ein langer, spindeldürrer Mann im Lotussitz auf uns wartete – die Fistelstimme.

»Die sind nicht betrunken«, sagte Surrendar, »die sind bekifft.« Und dann nahm auch ich den süßlichen Geruch wahr; diesmal keine Räucherstäbchen, sondern Opium. Wir setzten uns im Schneidersitz auf den Boden.

»Stellt Fragen«, sagte der Bariton in schleppendem Englisch, »und der Erleuchtete wird euch antworten.« Ich schaute mir den »Erleuchteten« näher an, wie er dasaß und mit verzücktem Blick an uns vorbei ins Leere starrte, und ich kam von dem Gedanken nicht los, einem der größten Scharlatane Indiens gegenüberzusitzen. »Nun fragt doch«, drängte der Dicke. Aber welche Frage hätte ich an jenem Abend stellen sollen, als ich diesem opiumbenebelten Mann gegenübersaß und zwei scharfe Hunde im Nacken hatte, die jede meiner Bewegungen genau beobachteten? Und dann stellte ich die falsche Frage: »Sag mir, wie die Welt entstanden ist.« Die Frage war insofern falsch, als ihre Beantwortung den »Priester« zu einem einstündigen Monolog animierte über eine riesige Weltenschlange, aus deren Eiern sich die Kontinente entwickelt hätten. Er redete und redete und redete. Surrendar übersetzte. Ab und zu flüsterte er, er glaube wirklich nicht, dass dieser Priester große Kenntnisse habe, und dass alles, was er sage, echte Priester wohl rotieren lassen würde – vor Wut. Vieles von dem, was der »Erleuchtete« an jenem Abend sagte, habe ich längst vergessen – so abstrus und verwickelt war es; sein beleibter Jünger hingegen hing an den Lippen des Meisters und schien jedes seiner Worte als Dogma in sich hineinzusaugen. Nach etwa einer Stunde holte der »Weise« Luft, und wir nutzten diese Unterbrechung, um uns zu verabschieden. Aber selbstverständlich könnten wir nicht gehen, ohne einen Blick in die Kammer des »Eremiten« geworfen zu haben, sagte der Jünger. Also schauten wir uns in dem Raum um. Er war klein und dunkel; ein rußiger Kessel hing über der Asche eines lange erloschenen Feuers, und vor der Feuerstelle war ein Runendiagramm mit weißer Farbe auf den Lehmfußboden gemalt. Ein wenig spärlich eingerichtet, dachte ich und wollte mich zum Gehen wenden, als sich der Priester vor mir aufbaute. Im Stehen schien er fast doppelt so groß wie ich zu sein. »Wollt ihr uns verlassen, ohne von unserer heiligen Speise gekostet zu haben?«, übersetzte der Dicke seinen Meister. Ich sah Surrendar an, und Surrendar zuckte die Schultern. Der Priester fasste dies als Ermunterung auf, griff in eine Tonschüssel und drückte mir eine trockene, krümelige Masse in die Hand. Ich schaute darauf, dann in die Schüssel, und für den Bruchteil eines Augenblicks meinte ich, darinnen im Schein des Vollmondlichtes eine Bewegung wahrgenommen zu haben. Die Hunde waren inzwischen aufgestanden und knurrten. Sabber lief ihre Lefzen hinab. Ohne weiter darüber nachzudenken, was es sein könnte, das ich da aß, steckte ich die Masse in den Mund und bemühte mich, so schnell wie möglich zu schlucken, nur zu schlucken. Trotzdem blieb ein widerwärtiger, bitterer Geschmack in meinem Mund zurück, und es drehte mir den Magen um. Surrendar starrte mich an. Ich versuchte zu lächeln; doch später erzählte Surrendar mir, es habe eher so ausgesehen, als seien mir die Mundwinkel ausgerutscht. Dann aßen Narpad, Surrendar und sein Cousin. Auch sie schluckten schnell. Bis heute wissen wir nicht, was wir an jenem Abend gegessen haben; doch hatte es wenig, allzu wenig Ähnlichkeit mit dem *prasad*, das uns der Priester des Shiva-Tempels zuvor gereicht hatte. Bevor wir gingen, fragte ich den Mann, welchem Kult er angehöre und welchem Gott er diene. Hanuman, dem Affengott, antwortete er. Seitdem machte ich um Tempel, Schreine und Anhänger jenes Affengottes einen großen Bogen. Und manchmal, wenn ich in den Parks von Jodhpur spazieren ging und sich ein paar Affen von Baum zu Baum hangelten und kreischten, dann meinte ich zu hören, wie sie mich auslachten.

Das Motorrad heulte auf. Narpad Singh hatte den Gang gewechselt und beschleunigte. Ich hielt mich an seinem Rücken fest, als wir in die Kurve gingen, und dann sahen wir den Bus auch schon wieder: ein großes, grünes Monstrum, das einen dunklen Rußschweif hinter sich herzog. An der nächsten Haltestelle holten wir den Überlandbus ein. Ich stieg vom Motorrad ab.

»*Change* – Balotra«, sagte Narpad. Er sprach eigentlich kein Englisch, aber er hatte mich daran erinnern wollen, dass ich in Balotra den Bus wechseln musste, um nach Nakoda zu kommen. Nakoda war ein Wallfahrtsort der Jains, der Anhänger einer hinduistischen Reformreligion, und Narpad hatte mir geraten, ihn zu besuchen. Wir waren kurz nach der Morgendämmerung zur Bushaltestelle gefahren – und hatten den Bus verpasst. Was sich dann anschloss, war eine zwanzigminütige Verfolgungsjagd mit dem Motorrad gewesen, die weniger mir Freude gemacht hatte als den Insassen des Busses, die uns begeistert zugewinkt und lautstark angefeuert hatten. Ich drehte mich noch einmal nach Narpad um und stieg dann in den Bus ein. Die Inder freuten sich noch immer. So eine Motorradjagd sahen sie nicht alle Tage. Ein Junge klopfte mir auf die Schulter. Der Kontrolleur verkaufte mir lachend ein Ticket.

»*Good ride?*«, fragte er.

»*Very good ride*«, antwortete ich. Auch ich war guter Laune.

Hustend fuhr der Bus an und spie eine gehörige Portion dunklen Rußes aus. Ich setzte mich auf einen der hinteren Sitze. Eigentlich gab es Nakoda gar nicht – weder für die Touristen noch für die Geographen, die den Ort nicht einmal für wert befunden hatten, auf irgendeiner Landkarte verzeichnet zu werden. Aber Nakoda war auch kein Ort; doch das sah ich erst später. Inzwischen hatte ich es mir gemütlich gemacht, kaute an einem kalten *chapati*, das Einzige, was mir bei unserem überstürzten Aufbruch in die Hände gefallen war, und summte ein Lied vor mich hin. Die Gesellschaft im Bus war bunt gemischt: Frauen, Männer mit orangefarbenen,

Kinder an einer Bushaltestelle

gelben und roten Turbanen, tobende Kinder, ein paar zeternde Hühner in einem Käfig, und hinten auf der letzten Bank saß ein Hirte, der seine Ziege an einem Sitz festgebunden hatte. Ab und zu hielten wir in einem kleinen Dorf am Straßenrand. Leute sprangen auf den Bus auf, andere ab. Schon bald war kein Sitzplatz mehr frei, und die Neuankömmlinge kletterten auf das Dach. Manchmal begegneten wir anderen Bussen. Dann hielten die Fahrer so lange aufeinander zu, dass sie nur noch in letzter Sekunde ausweichen konnten. Der Fahrer, der auf der Straße geblieben war, hatte gewonnen; der, der in den Sand ausgewichen war, versuchte beim nächsten Bus erneut sein Glück. Das Gehupe des Siegers tönte danach noch lange durch die Wüste wie die Fanfaren eines mittelalterlichen Turniers.

Nach zweieinhalb Stunden Fahrt erreichten wir Balotra. Der Ort lag etwa 120 Kilometer südwestlich von Jodhpur und war klein. Außer ein paar Überlandlastern, die träge in der Sonne standen, waren weder Autorikschas noch Autos zu sehen, dafür aber umso mehr Kamelkarren. Ich griff nach meiner Feldflasche und dem kleinen Rucksack, stieg aus dem Bus und kaufte mir an der Haltestelle ein Ticket nach Nakoda. Der Beamte sprach kein Englisch, doch nach einigen Minuten hatte ich begriffen, dass der nächste Bus erst in einer Stunde abfahren würde. Genug Zeit also, um noch etwas zu essen und mich ein bisschen umzusehen, dachte ich. Doch viel zu sehen gab es in Balotra nicht: ein paar Händler, die ihre Tücher auf Karren zum Verkauf anboten, die üblichen Kühe und ein paar Ziegen. So füllte ich meine Feldflasche an einem Stand mit kaltem Mineralwasser auf und setzte mich in den Schatten eines Baumes, als ich plötzlich das unangenehme Gefühl hatte, beobachtet zu werden. Ich schaute auf und sah drei Jungen vor mir stehen, die mich anstarrten. In wenigen Minuten hatte sich der Platz um den Baum gefüllt: Mütter mit ihren Babys, kleine Kinder, Jungen und Mädchen, junge Männer und Greise, zahnlos und verschrumpelt – alle standen sie da und starrten mich an. Zuerst dachte ich, ich hätte etwas falsch gemacht, mich vielleicht verbotenerweise gegen den einzigen heiligen Baum des Ortes gelehnt – doch es geschah nichts. Sie standen einfach da und starrten. »Hallo«, sagte ich. Keine Antwort. »*Namaste*«, strapazierte ich meinen minimalen Hindi-Wortschatz – guten Tag. Nichts. Normalerweise waren Inder bemüht, ins Gespräch zu kommen, aber diese Leute …

Ich schüttelte gedankenverloren den Kopf. Und dann schüttelten sie die Köpfe: erst einer, dann mehrere und dann alle. Ich musste lachen, und sie lachten auch. Ich stand auf und die Inder folgten mir, und bis zur Abfahrt des Busses nach Nakoda hatten wir alle eine sehr lustige Zeit.

Nakoda war ein einziger großer Tempelbezirk aus blendend weißem Stein, der auf drei Seiten von Felshügeln eingerahmt war. Ich passierte den Wächter am Eingang der Tempelanlage. Dem ersten Tor folgte ein gepflasterter Weg, der zu einem zweiten Tor führte, das von zwei bunt bemalten hölzernen Elefanten gebildet wurde, dem Eingang zum eigentlichen Tempel. Langsam ging ich den Weg entlang. Ein zweistöckiger lang gestreckter Flachbau nahm fast die ganze rechte Seite des Gebäudekomplexes ein. Dies waren Wohnräume für Pilger, die sich länger als einen Tag in Nakoda aufhalten wollten. Auf dem Balkon im ersten Stock hingen ein paar Hemden zum Trocknen in der Sonne; darunter saßen Inder im Schneidersitz und tranken Tee. Der Wächter am Tor mit den beiden Elefanten hielt mich auf. Er deutete auf meinen Hut und machte eine abwehrende Geste – nicht unfreundlich, aber bestimmt. Ich begriff und nickte. Für einen Augenblick hatte ich nicht daran gedacht, dass mein Hut aus Leder war und dass die Reinheitsvorschriften der Jains – wie die der Hindus – untersagten, Ledergegenstände mit in den Tempel zu nehmen. So legte ich den Hut zu meinen Schuhen, die ich auf den Steinplatten vor den Holzelefanten stehen gelassen hatte, und schaute mich dann noch einmal um: Mitten in einem Heer von braunen, schwarzen, bestickten, großen, kleinen, abgewetzten und frisch polierten Schuhen lag etwas einsam mein Lederhut. Als ich endlich den Tempelvorbau betrat, lächelte mir der Wächter hinterher.

Der Jainismus entstand etwa zur gleichen Zeit wie der Buddhismus als Reformreligion, nämlich im 5. Jahrhundert v. Chr. Während er die wesentlichen Züge des Hinduismus übernahm, wandte er sich jedoch gegen die Vormachtstellung des Brahmanentums und gegen die Erstarrung des indischen Kastenwesens. Stifter des Jainismus war der Prinz Vardhamana Mahavira, dessen Name so

Nakoda

viel wie »großer Held« bedeutet und der nach zwölfjährigem Fasten und Suchen nach Wahrheit den Weg zur Erlösung gefunden haben soll – den Jainismus. Wie im Hinduismus hat auch im Jainismus jedes Lebewesen eine Seele, die aber nicht Teil eines kosmischen Absoluten, sondern selbst göttlicher Natur ist. Deswegen ist die Unverletzlichkeit aller Lebewesen, das *ahimsa*, wichtigstes Prinzip der Jains. Sie ernähren sich ausschließlich vegetarisch, einige Priester tragen sogar Binden vor dem Mund, um nicht aus Versehen Mücken zu verschlucken, oder sie kehren beim Gehen den Weg vor sich frei, damit sie keine Ameisen oder Käfer zertreten. Diese Lebensauffassung führte auch dazu, dass man unter gläubigen Jains keine Bauern findet, da sie ja beim Pflügen des Feldes vielleicht Kleintiere töten könnten. Stattdessen entwickelten sich die Jains zu geschickten Kaufleuten, die besonders in Rajasthan, Gujarat und Bombay anzutreffen sind.

Durch das Elefantentor trat ich in einen schattigen Säulengang, in dem etwa fünfzig Gläubige vor der gleißenden Sonne geschützt saßen und ihre Gebete verrichteten. Doch spürte ich in Nakoda nichts von der Ruhe, die der Shiva-Tempel in Jodhpur ausgestrahlt hatte: Neben den Betenden gab es einige Jains, die sich laut unterhielten, kleine Kinder, die lachend durch die Reihen der Meditierenden Slalom liefen und deren Mütter, die zu dem gleichen Lauf gezwungen waren, um ihre Sprößlinge wieder einzufangen. Rechter Hand entkleideten sich Jains in einem Nebengebäude und zogen sich orangefarbene oder rote togaähnliche Gewänder über. Vor dem Eingang zu eben jenem Nebengebäude hockten ein paar Inder und zerkleinerten in großen Mörsern rote Krümel zu feinem Staub, den sie dann mit etwas Wasser vermischten. Die so entstandene Farbe füllten sie in kleinere Gefäße um, die sie mit in den Tempel oder in die vielen Seitenschreine nahmen. Der Säulengang mündete schließlich in den Haupttempel, in den sich eine Menschenschlange hinein- und schließlich durch einen Seitenausgang wieder hinauswand. Eine Trommel begleitete den monotonen Gesang der Jains. Ich blieb vor dem Eingang stehen, unsicher, ob ich den Tempel betreten dürfe, bis mich schließlich ein Mann im Säulengang zu sich winkte. Behäbig, mit breitem Lächeln, saß er auf den Steinfliesen, das rote Gewand nachlässig wie einen Sack über seinen massigen Körper geworfen.

»Bist du neu hier?«, fragte er mich auf Englisch. Ich hielt das eher für eine rhetorische Frage; denn ich war seit Jodhpur weit und breit als der einzige Mensch aus dem Westen erkennbar, doch nickte ich und setzte mich zu ihm.

»Kann ich in den Tempel hineingehen?«, fragte ich den Mann.

»Klar, warum denn nicht«, antwortete er. »Und wenn dich jemand fragt, sag ihm, ich hätte es dir erlaubt. Ich bin Priester hier.«

Vielleicht hätte ich schon hier misstrauisch werden sollen. Ich wurde es nicht. Wenig später reihte ich mich in die Schlange der Wartenden ein. Die Inder gingen langsam, aber stetig voran. Niemand drängelte oder schubste. Zum Inneren des Tempels hin wurde der Gesang lauter. Gerade als ich einen Fuß auf den Boden des Tempels setzen wollte, sprang mich ein Jain an. Er trug ein gelbes Gewand. Trotz des Mundschutzes konnte ich sein wutverzerrtes Gesicht sehen. Er schrie, wedelte mit den Armen und schubste mich aus dem Tempel. Der Mann war offensichtlich ein Jain-Mönch, und als ich ihm erklären wollte, ein anderer Priester habe mir erlaubt, den Tempel zu betreten, und nach dem Mann im Säulengang suchte, merkte ich, dass dessen Platz leer war. Er war verschwunden, und so hielt auch ich es für ratsam, mich zu entfernen. Lange noch hörte ich das Zetern des aufgebrachten Mönches, bis es im stetigen Singsang der Jains unterging. Müde lehnte ich mich gegen eine Säule. Ich habe nie erfahren, warum mich der Inder aus dem Tempel hinausgeworfen hat, noch ob der Mann im Säulengang wirklich ein Jain-Priester war, und irgendwann hörte ich auf, mir darüber Gedanken zu machen.

Nachdem ich mich ein bisschen ausgeruht hatte, ging ich zu den Seitenschreinen. Dort hinderte mich niemand am Eintreten. Ein paar Jain-Mönche lächelten mir sogar zu, während sie ihre rote Farbe auf Steinskulpturen auftrugen, die wie kleine Buddhas aussahen. In der Nähe der Schreine hing an einer Wand eine lange Reihe von Gemälden hinter Glas, die Legenden und Erzählungen über Jain-Propheten darstellten. Ein kleiner Junge starrte mit großen Augen ein Bild an, auf dem eine riesige Schlange einen Mann würgte; und der Vater des Kleinen erklärte ihm den Zusammenhang. Hindi müsste man verstehen, dachte ich und ging langsam die Bilderreihe entlang. Als ich genug von Nakoda gesehen hatte, wanderte ich zur Busstation zurück. Es gab einen Direktbus nach Jodhpur, und ich kaufte ein Ticket und setzte mich dann unter einen Baum, um auf den Bus zu warten. Ich saß noch nicht lange dort, als ein Mädchen vor mir stehen blieb.

»Kommst du von weit her?«, fragte sie. Ihr Englisch war perfekt, ohne die Spur eines Akzents. Ich schaute auf.

»Ich komme aus Deutschland«, sagte ich.

»Das ist von weit her«, antwortete sie und fragte dann: »Wirst du viel in Indien reisen?«

»Ein bisschen. Zunächst will ich nach Bombay.« Ihre Augen hellten sich auf.

»Ich komme aus Bombay«, sagte sie, »und wenn du nach Bombay kommst, kannst du mich besuchen.« Ich wollte sie fragen: »Und wie werde ich dich finden«, doch ich schwieg. Das Mädchen wandte sich zum Gehen, dann drehte sie sich jedoch noch einmal um und sah mich nachdenklich an.

»Wenn ich mal nach Deutschland komme, wirst du mich dann auch einladen?«, fragte sie. Ich schaute eine Weile in ihr kleines, hübsches Gesicht, dann lächelte ich. »Ich werde am Flughafen auf dich warten.« Da lachte auch sie – irgendwie erleichtert und zufrieden – und ging fort, ohne sich noch einmal umzudrehen.

Der Bus kam wenig später – überfüllt wie immer. Bald saß ich mit drei Indern und dem Busfahrer zusammengepfercht in der kleinen Fahrerkabine, dem einzigen Platz, der noch frei war. Während der Inder links von mir unaufhörlich Süßigkeiten in sich hineinstopfte, der Mann zu meiner Rechten eingeschlafen war, seinen Kopf an meine Schulter gelehnt, der Busfahrer irgendeinen Hindi-Schlager pfiff und die Luft immer stickiger wurde, fing auch ich an, vor mich hin zu dösen. Die Rückfahrt nach Jodhpur dauerte zwei Stunden und kostete ein Schaf das Leben: Eine Herde war über die Fahrbahn gewechselt, und der Busfahrer war laut hupend auf sie losgefahren – ein Schaf war zu langsam gewesen. Es blieb auf der Straße liegen, weit sichtbar in der eintönigen, ebenen Landschaft.

Die »St. Paul's Boys' School« stand an einer staubigen Straße im Shastri-Nagar-Bezirk, einem Neubauviertel in Jodhpur. Als ich durch das steinerne Tor trat, war gerade die letzte Stunde zu Ende gegangen, und eine Flut von Kindern strömte aus den Klassenräumen ihren Eltern entgegen, die vor dem Tor warteten. Ich machte mich auf die Suche nach dem Zimmer des Schulleiters, denn ich wollte für eine deutsche Wochenzeitung einen Artikel über eine Missionsschule in Indien schreiben. Manor hatte das Gespräch für mich arrangiert, weil die Schule ganz in der Nähe von Bakthaver Singhs Haus lag. Schließlich fand ich einen Raum mit der Aufschrift »Headmaster«, klopfte und trat ein. Father Augustine, der Leiter von St. Paul's, hatte schon auf mich gewartet. Er saß in einem bequemen Stuhl und hatte das rechte Bein auf einen Hocker gelegt.

»Kommen Sie rein«, sagte er, »und entschuldigen Sie, dass ich sitzen bleibe, aber ich hatte erst gestern eine Operation an meinem Bein, und es tut noch etwas weh.«

»Und da sind Sie schon heute wieder in der Schule?«, fragte ich. Father Augustine lachte ein ähnlich jungenhaftes Lachen wie Narpad Singh: »Es gibt eine Menge Arbeit, die hier auf mich wartet. Was möchten Sie wissen?«

»Alles über Sie, St. Paul's und Ihre Arbeit hier. Ich schreibe für eine deutsche Kirchenzeitung.«

Es klopfte an der Tür, und ein Junge brachte Milchtee auf einem Tablett. »Bedienen Sie sich«, sagte der Priester. »St. Paul's ist 1984 gegründet worden und gehört zur Diözese von Jaipur. Ich bin seit der Gründung der Schule ihr Leiter.« Er nippte an seinem Tee und schien zu überlegen.

»Wir haben etwa eintausendfünfhundert Schüler«, fuhr Father Augustine fort, »vom Kindergartenalter bis zum zehnten Jahrgang. Und damit sind wir hoffnungslos überfüllt.« Er deutete aus dem Fenster. »Sie sehen ja, wir müssen schon aufstocken.« Auf dem Flachdach des Gebäudes waren Männer damit beschäftigt, ein weiteres Stockwerk auf die dritte Etage zu bauen.

»Wissen Sie, viele Inder möchten, dass ihre Kinder auf eine christliche Schule gehen, denn unsere Ausbildung ist gut – und sie formt den Charakter«, fügte er schmunzelnd hinzu.

»Nehmen Sie nur christliche Kinder an?«, wollte ich wissen.

»O nein, wir haben katholische, protestantische und jakobitische Schüler, aber die Mehrzahl sind Hindus.«

»Was kostet es, auf Ihre Schule zu gehen?«

»In den Klassen eins bis fünf fünfundsechzig Rupien im Monat, in den Klassen darüber fünfundsiebzig Rupien.« Das waren 8 bzw. 9 DM.

Ich machte mir ein paar Notizen. »Damit fallen aber die Kinder der Armen raus.«

»Wenn Kinder talentiert sind, geben wir ihnen Stipendien, dann brauchen sie nichts zu bezahlen. Im Moment haben wir fünfzig Kinder von Parias, Rikscha- und Tonga-Fahrern; mehr können wir nicht aufnehmen. Auch unsere Mittel sind begrenzt.«

»Worin sehen Sie Ihre Hauptaufgabe als Schulleiter von St. Paul's?« Fast belustigt sah mich Father Augustine an.

»Sie wollen über eine Missionsschule schreiben, nicht wahr, für eine Kirchenzeitung? Dann wird Ihnen das, was ich jetzt sage, sicher nicht gefallen. Ich sehe meine Aufgabe nicht darin, zwanghaft zu missionieren. Ich will aus allen meinen Schülern Erwachsene machen, die verstehen, dass sie Rechte und Pflichten haben, die aufrichtig und gewissenhaft sind, wenn sie meine Schule verlassen. Nur christliche Schüler werden bei uns in Religion unterrichtet, die anderen in *moral education* – aus Respekt vor unserer indischen Kultur und ihren Unterschieden. Außerdem ermutige ich die Gleichberechtigung von Mädchen und Jungen.«

»An einer reinen Jungenschule?« Ich hatte mir die Bemerkung nicht verkneifen können.

»Ach, Sie denken, Sie hätten mich jetzt gefangen, nicht?!« Father Augustine lachte.

»Ja, denn was hilft es, zur Gleichberechtigung zu ermutigen, wenn selbst die Schulen getrennt sind und später im Leben in der indischen Gesellschaft sowieso wieder alles über den Haufen geworfen wird?«

»Das moderne Indien ist noch ein sehr junges Land«, antwor-

Father Leo vor seiner Klasse in der »St. Paul's Boys' School«

tete der Priester. »Erst dreiundvierzig Jahre. Einmal wird es auch
gemischte Schulen geben; einmal werden Frauen gleiche Chancen
im Beruf haben. Aber Sie müssen uns ein bisschen Zeit geben. Bei
Ihnen im Westen muss immer alles schnell gehen; doch wir können nicht einfach Ihre Erkenntnisse nehmen und uns überstülpen.
Wir sind Inder. Unsere Kultur ist so verschieden von der Ihren,
dass eine einfache Westernisierung der falsche Weg wäre. Und ich
weiß, wovon ich rede. Ich habe mir den Westen ein wenig angesehen. Ich war in Italien, England und Frankreich und in den USA –
dort leben einige Cousins von mir. So, das war nun aber eine lange
Rede, möchten Sie noch etwas Tee?«

Ich lachte. »Nein, danke.«

»Ich bin ein bisschen müde für heute, denn jetzt im Juli haben
wir unsere Aufnahmezeit, und Sie können sich gar nicht vorstellen, wie viele Eltern ihre Kinder bei uns anmelden wollen, dabei
sind wir noch nicht mal in der Lage, zehn Prozent von ihnen auf-

zunehmen.« Er schüttelte nachdenklich den Kopf. »Aber wenn Sie möchten, kommen Sie morgen wieder. Father Leo wird Ihnen die Schule zeigen, und Sie können am Unterricht teilnehmen.«

»Ich werde morgen da sein«, sagte ich, und wir verabschiedeten uns.

»Sprichst du Hindi?«, fragte mich Father Leo, als ich ihn am nächsten Morgen besuchte. Er trug einen strahlend weißen Habit und war etwa so alt wie ich – 23 Jahre.

»Nein, leider nicht«, erwiderte ich.

»Nun ja«, antwortete der junge Priester, »dann wird es mein Englisch tun müssen. Eigentlich ist das auch eine gute Übung für mich.«

Father Leo zeigte mir die Schule. Sie war einfach, aber zweckmäßig eingerichtet. Sobald wir einen Klassenraum betraten, unterbrachen die Lehrerinnen, meistens Ordensschwestern, den Unterricht, und die Schüler sprangen von ihren Sitzen auf. »*Good morning, children*«, begrüßte sie Father Leo. »*Good morning, Father*«, antworteten sie im Chor und setzten sich wieder. Vom Dach aus sahen wir in den Schulhof hinab. Schüler standen in vier langen Reihen und machten Frühsport, während ein Lehrer sie anfeuerte.

Schließlich begleitete ich Father Leo in seine Englischstunde. Das Thema war eine Fabel von Äsop: »Der Fuchs und der Rabe«. Father Leos Fragen waren kurz und prägnant, und die Schüler standen auch hier jedes Mal auf, wenn sie antworteten. Zeit zum Schwatzen ließ er ihnen nicht, und diejenigen, die sich schlecht vorbereitet hatten, schalt er aus, während er die Guten lobte. Nach einer seiner langen Schimpfkanonaden, die er mit drohenden Gebärden untermalt hatte, zwinkerte er mir zu, ohne dass es die Schüler bemerkten, und ich wusste, dass er die Kinder mochte. Und die Kinder mochten ihn, denn während des Schimpfens hatte auch einer der Schüler mir zugezwinkert, ohne dass es Father Leo aufgefallen war.

86

Als der Pausengong endlich ertönte, war es um die Beherrschung der Kinder geschehen; sie stürmten aus dem Klassenzimmer. Father Leo lachte. Wir gingen zusammen zu Father Augustine, von dem ich mich verabschieden wollte. Er saß in seinem Büro hinter einem Stapel von Bewerbungen.

»Haben Sie alles gesehen?«, fragte er. Ich nickte.

»Was für einen Artikel werden Sie nun schreiben für Ihre Zeitung?«

»Einen guten«, antwortete ich. Father Augustine lächelte. Wir schüttelten uns die Hände, und ich verließ die Schule durch das große steinerne Tor und ging die staubige Straße entlang.

Jaisalmer, die Wüstenfestung

Ted und John kamen am Morgen des 20. Juli, wie sie geschrieben hatten – und sie kamen früh. Die Sonne war gerade aufgegangen, als Manor die schmale Treppe zur Dachterrasse heraufstieg und mich weckte. »Deine Freunde sind gerade angekommen«, sagte er und reichte mir eine Tasse Tee. Ich nippte vorsichtig daran und ging dann mit ihm hinunter. Ted lag mit ausgebreiteten Armen auf einem großen Bett und starrte an die Decke. John war in der Badenische, und ich hörte Wasser auf den Boden tropfen.

»Ich hätte bis heute nicht gedacht, dich wirklich wiederzusehen«, sagte Ted und lachte.

»Hey, wir Deutsche sind traditionsbewusste Leute und wir halten unser Wort«, sagte ich. »Erzähl, wie war's in Jordanien?«

»Heiß«, antwortete Ted. »Wir waren zwei Wochen da, haben uns die Felsenstadt Petra angesehen und hatten eine ganz nette Zeit. Dann sind wir über Bombay nach Madras geflogen, und vor zwei Tagen sind wir von Kerala aufgebrochen – zwei Tage ununterbrochen im Zug. Mann, ich bin kaputt. Außerdem habe ich mir noch 'ne Magensache zugezogen. Ich brauche erst mal Schlaf, Ben, eine Menge Schlaf.«

Ted und John schliefen bis in den späten Nachmittag. Während dieser Zeit ging ich mit Raja und einigen Kindern der Umgebung einem beliebten Hobby indischer Jugendlicher nach: dem Kampf mit selbst gebastelten Drachen. Wir standen oben auf der Dachterrasse des Hauses, und es waren schon ein paar Drachen in der Luft – ein blauer, zwei rote und ein gelber. Träge schwebten sie im warmen Wind, der von der Wüste herwehte. Während Raja einen Papierschwanz an unserem Drachen befestigte, erklärte er mir, worauf es bei diesem Kampf ankam. »Wir haben eine ziemlich reißfeste Leine. Damit müssen wir die Leine des anderen Drachen im Flug umwickeln und hoffen, dass unsere Leine stärker ist und seine durchreißt. Dann stürzt er ab.«

»Kein Spiel, bei dem man sich viele Freunde macht«, meinte ich.

»Das ist auch nicht der Sinn des Spiels«, lachte Raja. Unser Drachen war startbereit. Wenig später stand er – von Raja vom Dach aus gesteuert – friedlich neben den anderen in der Luft. Plötzlich jedoch fing der blaue Drachen an, unruhig hin und her zu tanzen. Eine Herausforderung. Raja zögerte nicht und griff sofort an, doch unser Gegner hatte schnell reagiert: Sein Drachen tauchte knapp unter Rajas hinweg. Die beiden Leinen hatten sich nicht einmal berührt.

»Unentschieden«, murmelte Raja, der das Ganze mit einem Mal sehr persönlich zu nehmen schien. Der zweite Angriff kam vom blauen Drachen, schlug aber ebenfalls fehl. Erst der dritte Angriff brachte die Entscheidung: Noch bevor der blaue ausweichen konnte, hatte Rajas Drachen seine Leine umschlungen. Einen Augenblick lang flogen beide Drachen zuckend im Aufwind, dann trudelte der blaue langsam zu Boden. Die Kinder, die mit uns auf dem Dach standen, schrien vor Freude. An jenem Tag gewann Raja noch zwei Mal; beim dritten Mal wurde er selbst geschlagen. Steuerlos fiel sein Drachen vom Himmel und blieb schließlich mit zerrissener Tragfläche im Geäst eines Akazienbaumes unweit unseres Hauses hängen.

»Macht nichts«, tröstete Raja einen kleinen Jungen, der traurig auf die Fetzen im Baum schaute. »Drei zu eins ist doch nicht schlecht. Und morgen bauen wir einen neuen Drachen mit einer Leine, die noch stärker ist.«

Noch am Abend desselben Tages fuhren John, Ted und ich zur Bahnstation, um Tickets für eine Fahrt zur Wüstenstadt Jaisalmer zu reservieren. Sie war berühmt für ihre riesige Zitadelle aus gelbem Sandstein. Die Eisenbahnstation in Jodhpur war klein und hatte nur zwei oder drei Gleise. Mehrmals am Tag und manchmal auch in der Nacht hielten hier ein paar Züge. Fahrgäste sprangen heraus, andere stiegen ein, und dann fuhr der Zug weiter. Selten passierte hier etwas Aufregendes und selten kamen die Züge pünktlich an. So war es ein beliebter Scherz unter Indern, zu fragen, ob ein Zug unter Einfluss des »ITS« ankäme. »ITS« hieß »Indian Time System« und bedeutete mindestens zwei Stunden Verspätung. War dies der Fall, dann richteten sich die Inder häuslich auf dem Bahnsteig ein. Sie rollten lange Matten aus und legten sich darauf, oder sie bereiteten sich mit kleinen Kochern eine Mahlzeit zu, oder sie schliefen einfach in der Sonne. Und während die Frauen ihren kleinen Kindern nachliefen, die auf den Gleisen Fangen spielten, unterhielten sich die Männer über das Geschäft oder erzählten sich alte Sagen und Geschichten längst vergangener Tage. Nur eines, das taten die Inder auf dem Bahnsteig nicht – sie gerieten nie aus der Ruhe. Im Bahnhofsgebäude selbst gab es einen Fahrkartenschalter, vor dem die Schlange gewöhnlich endlos war, und so war es auch an jenem Abend, als wir das kleine Bahnhofsgebäude betraten. Hinter dem Gitter des Kartenschalters saß ein kleiner indischer Beamter, der eine Nickelbrille trug. Die kreisrunden Gläser reflektierten das Licht der flimmernden Neonlampe in der Halle. So war es schwer auszumachen, wo seine Augen eigentlich hinsahen. Der Bahnbeamte ließ sich Zeit. Sorgfältig schrieb er die Tickets aus, übertrug die Namen der Passagiere und deren Reiseroute in große zerfledderte Bücherbände, nahm dann das Geld entgegen, gab das Wechselgeld heraus und nickte schließlich, wenn es weitergehen konnte. Ted trommelte mit den Fingern auf seiner Fototasche.

»Nervös?«, fragte ich.

»Ich fühl' mich nicht wohl«, sagte er.

Ted hatte einige Pillen geschluckt, nachdem er am Nachmittag aufgestanden war. Ich hatte es gesehen, und Ted hatte gelacht und gesagt, er bräuchte halt seine Portion Extra-Vitamine.

»Was ist es genau?«, wollte ich wissen.

»Ich hab's dir doch schon gesagt: etwas mit dem Magen. Meine Eltern würden sich wahnsinnig aufregen, wenn sie es erführen. Schließlich haben sie mir diesen teuren Wasserfilter gekauft.« Ted hatte mir den chemischen Filter schon gezeigt und davon geschwärmt.

»Hast du ihn auch immer benutzt?«, fragte ich.

»Ja – außer ein paar Mal vielleicht. Die Leute, die uns das Wasser angeboten haben, meinten, es sei abgekocht…« Ich sagte nichts dazu.

Es ging ein bisschen voran in der Schlange. Ich sah durch die milchig weißen Glasscheiben der Eingangstüren. Draußen, auf dem Platz vor dem Bahnhof, hatten sich einige Priester und *sadhus* eingefunden. Überall sah ich ihre orangefarbenen Gewänder. Ein paar hielten mit ihren blechernen Näpfen Passanten an und baten um Almosen; andere unterhielten sich gebärdenreich oder warfen feurige oder milde oder einfach selbstzufriedene Blicke in die Umgebung. Es war eine merkwürdige kleine Versammlung da draußen.

»*May I help you, sir?*« Die Stimme des Bahnbeamten holte mich ein.

»*Yes. We'd like to reserve three tickets to Jaisalmer for tomorrow night*«, sagte John. Das Gesicht des kleinen Inders hinter den metallenen Gitterstäben machte einen gequälten Eindruck, und für einen Augenblick sah er aus wie ein Häftling in einem Gefängnis.

»*I am afraid…*«, begann er – änderte dann aber seine Meinung und sagte: »Sie haben Glück, es sind noch fünf Karten übrig.«

Die letzten beiden Karten bekam ein junges französisches Ehepaar, das hinter uns in der Reihe gestanden hatte. Sie freuten sich; und als ein Bettler auf sie zukam, warfen sie ihm eine Hand voll Münzen in den Blechnapf. Ich hatte das Klingeln des Geldes noch im Ohr, als wir den Bahnhof verließen und uns auf den Rückweg machten.

Am Abend des nächsten Tages ließen wir Raja und Surrendar in Jodhpur zurück. Sie kannten Jaisalmer schon, und da es ihnen beiden auch nicht besonders gut ging, wollten sie nicht mit uns fahren und sich lieber einen Tag ausruhen.

Das Bild, das der Bahnhof von Jodhpur an jenem Abend bot, unterschied sich nicht wesentlich von dem am Tag zuvor: die gleiche Warteschlange, derselbe Bahnbeamte mit der blitzenden Brille, dasselbe Kopfnicken. Ein paar Männer lagen in der Mitte der Bahnhofshalle und schliefen offenbar ihren Opium- oder Alkoholrausch aus. Nach kurzer Zeit erschienen drei Wachleute, trugen die Schlafenden aus dem Bahnhofsgebäude und ließen sie draußen unsanft zu Boden fallen. Als sich die Wachmänner entfernt hatten, krochen die Männer jedoch unverzüglich wieder in das Innere des Bahnhofs zurück und schliefen dort weiter. Wir holten unsere reservierten Tickets ab und warteten auf dem Bahnsteig auf den Zug. Laut Fahrplan sollte er um 21.45 Uhr abfahren; das hieß, noch weitere zehn Minuten zu warten. Und dann merkte ich, dass ich etwas vergessen hatte: das »ITS«. Ich addierte es, und tatsächlich fuhren wir um Viertel vor elf los. Es war eine dieser alten Loks, die es wohl nur noch in Indien gab und die schon seit der Kolonialzeit in Betrieb waren. Schwarzer Rauch stieg aus dem Schornstein auf, als sich die Maschine in Bewegung setzte. Drinnen im Abteil ließen Ted, John und ich uns auf die Pritschen fallen, die wir zum Schlafen heruntergeklappt hatten. Die Ventilatoren, die einfach an die Decke geschraubt waren, funktionierten nicht. Schon bald wurde es unangenehm heiß im Abteil, und unsere Kleider klebten am Plastikbezug der Schlafpritschen. Ted öffnete das Fenster.

»Wie gemütlich, wir haben Gitterstäbe vor dem Fenster«, sagte er. »Ist das nun, um uns nicht hinauszulassen oder um andere nicht hereinzulassen?«

Doch der warme Fahrtwind brachte keine Kühlung, und es dauerte lange, bis wir einschliefen. In der Nacht hatte ich einen

Albtraum: Ich träumte, ich sei in einem riesigen Stundenglas gefangen und der Sog des durchlaufenden Sandes zöge mich unaufhaltsam in die Tiefe. Die Sandkörner waren überall – in meinen Augen, in der Nase, im Mund, in den Ohren, und ich hatte Schwierigkeiten zu atmen. Ich schrie, und dann wachte ich auf und merkte, dass der Sand echt war. Ich spürte ihn auf meinem ganzen Körper. Eine Hand berührte meinen Arm.

»Alles in Ordnung?« Das war Teds Stimme. »Wir hatten einen Sandsturm, und es ist alles durch das offene Fenster hereingekommen.« John schaltete das Licht ein. Einen Moment wehrte sich die Lampe flackernd gegen den Strom. Dann sahen wir in ihrem schummrigen Licht, dass das ganze Abteil mit einer dünnen Sandschicht bedeckt war. Bis zum Sonnenaufgang schlief ich schlecht.

Am nächsten Morgen jedoch, als die Sonne hinter den Sanddünen aufging, hatte ich die Unbequemlichkeiten der Nacht längst vergessen und schaute an den Gitterstäben vor dem Zugfenster vorbei in die Wüstenlandschaft, die sich vor mir auftat. Oft reichten die Sanddünen bis an die Gleise heran, manchmal hatten sie die Telefonmasten fast vollständig verweht. Einmal sah ich auf einer Düne einen Reiter, der dem Zug nachschaute.

Der Zug hielt mit kreischenden Bremsen. Mein erster Eindruck von Jaisalmer widersprach vollkommen dem, was verschiedene Reisebuchautoren recht poetisch beschrieben hatten als »die Goldene Stadt, die wie eine Fata Morgana vor dem Sonnenaufgang aus der Wüste ersteht«. Mein erster Eindruck war »Hektik«. Ted, John und ich hatten kaum den Zug verlassen und wollten uns anhand der großen Karte im Bahnhofsgebäude orientieren, als sich mehrere Inder auf uns stürzten.

»You go with me. I know best hotel in town.«

»No, take my taxi! Only one Rupee each.«

»Don't even listen to these guys. Trust me. I'll be your guide.«

»Get off! Hey, gentlemen, look for some nice handicrafts? Come with me!«

Das ging etwa fünf Minuten so weiter. In dieser Zeit versuchten die Inder uns zu schmeicheln; sie drängten uns mit sanfter Gewalt zu ihren Taxis, zerrten an unseren Kleidern und boxten sich gegenseitig aus dem Weg. Wir entschieden uns für das Einrupientaxi-Angebot und fanden uns schließlich auf der Ladefläche eines altersschwachen Jeeps wieder. Der Fahrer war ein wild aussehender indischer Moslem, der jedes Schlagloch auskostete und ununterbrochen einen Hit von Bob Marley sang – allerdings ein wenig verändert: »No tourist, no cry…« – »…and no money«, fügte ich in Gedanken hinzu und fluchte, als der Wagen durch ein weiteres Schlagloch fuhr und ich mit dem Kopf an die Decke stieß. Das Jeep-Taxi fuhr uns nicht direkt in die Stadt, sondern hielt vor einem abseits gelegenen Flachbau. Doch damit hatte ich gerechnet. Ein Schild hing schief über der Holztür; die Farbe war an vielen Stellen bereits abgeblättert: »Adventure Tours«. Unser Fahrer sprang vom Jeep, öffnete die rückwärtige Klappe und sagte: »Nun wollen wir schnell noch den Wüstentrip buchen, und dann fahre ich euch in die Stadt.« Meine Laune hatte sich plötzlich drastisch verschlechtert. Warum hielten so viele Inder alle Fremden grundsätzlich für strohdumm? Ich nahm meinen kleinen Rucksack und wandte mich zum Gehen.

»Kommt ihr?«, fragte ich Ted und John.

»Hey, geben wir dem Mann doch eine Chance«, sagte Ted, und John hatte schon das Haus betreten. Meine Laune war an ihrem vorläufigen Tief angelangt.

»Merkt ihr denn nicht, was der Mann mit euch vorhat?« Doch die beiden waren bereits im Büro von »Adventure Tours« verschwunden. Widerwillig folgte ich ihnen. Drinnen hatte der Inder schon mehrere handgezeichnete Karten aufgeschlagen, pries die Schönheit und Einsamkeit der Wüste und schwärmte von der Natürlichkeit, die sich die Dorfbewohner rund um Jaisalmer noch bewahrt hätten.

»Wie viele Touren bieten Sie an pro Tag?«, fragte ich den Inder,

der daraufhin in sein Element geriet. Zwei Touren seien es mit je zwei Jeeps und insgesamt zehn bis zwölf Touristen. Ich überschlug kurz die Zahlen.

»Was meint ihr«, fragte ich John und Ted, »wie viel von der Natürlichkeit der Dorfbewohner in der ›einsamen‹ Wüste wohl noch übrig ist bei rund dreihundertfünfzig Touristen im Monat?« Ich setzte meinen Hut auf und ging nach draußen in die Sonne. Es dauerte eine gute Viertelstunde, bis Ted und John nachkamen.

»Du bist ein alter Morgenmuffel, Bernhard«, sagte Ted.

»Ich weiß«, sagte ich und grinste. Meine Laune war wieder da.

»Und du willst wirklich nicht mitkommen? Wir haben mit ihm eine ganz nette Tour durch die Wüste ausgemacht.«

»Danke, aber ich bin schon eine Weile raus aus dem Sandkastenalter.« Ted knuffte mich in die Rippen, und wir machten uns auf den Weg in die Stadt.

Unzählige kleine Läden säumten die engen und verwinkelten Gassen im oberen Teil von Jaisalmer nahe der alles beherrschenden Festung. Dicke, kleine, drahtige, schreiende, wortkarge und gestikulierende Händler verkauften Lederprodukte, Kamelsättel, Stickereien, Toilettenpapier, eisgekühltes Sodawasser und Kaugummi an abwägende Touristen. Ja, Touristen, das war der zweite Eindruck, den ich hatte, als wir drei durch die Stadt schlenderten. Und sie kamen aus aller Herren Länder: distinguiertes, näselndes Englisch aus einem Hotelzimmerfenster; derbe italienische Flüche, als ein Inder beinahe einen bärtigen Rucksacktouristen mit dem Moped anfuhr; ein freundliches »*Hav e gud dai, mait!*« von einem australischen Hippie-Bergsteiger, der seine Ausrüstung unter einen Akazienbaum gelegt hatte (was machte er damit nur in der Wüste?); und dann etwas unverkennbar Heimisches: »Also, ich weiß wirklich nicht, Helmut, ob wir das kaufen sollten. Es scheint mir zu teuer. Und sieh mal, das ist aber gar nicht gut verarbeitet.«

John grinste: »Deine Landsleute sind auch schon hier, Bernie.« Und Ted klopfte mir freundlich auf die Schulter.

Die Festung von Jaisalmer beherrscht das Stadtbild

Irgendwann merkten wir, dass wir noch nicht gefrühstückt hatten, und die nächste Möglichkeit schien das »New Tourist Hotel« zu sein; denn wohin wir auch kamen, fanden wir Wegweiser mit: *»New Tourist Hotel – only 50 meters«*, *»New Tourist Hotel – excellent brunch«*, *»New Tourist Hotel – very near«*. John schlug vor, es auszuprobieren. Doch so nah war das Hotel gar nicht, und als wir nach mehreren Verirrungen in den schmalen Gassen dort ankamen, hatte es mehr Ähnlichkeit mit einer Baustelle als mit einem Hotel. Außerdem schien der Rest aller Touristen in Jaisalmer, die gerade nicht auf den Straßen waren, sich hier zum zweiten Frühstück versammelt zu haben. In der Ecke des schattigen Innenhofes sah ich auch das französische Pärchen, das wir noch von Jodhpur kannten. Sie lächelten uns zu.

»Beinahe wie zu Hause«, feixte John. Wir setzten uns nach drinnen in den Schatten. Der Ventilator hing ruhig an der Decke. »Stromausfall«, kommentierte ein junger Mann, der uns die Karten brachte. Sie waren handgeschrieben, und die Preise waren mehrfach durchgestrichen und erhöht. Schließlich bestellten wir Sandwiches, Rühreier und Tee. Wir waren noch nicht bei der Hälfte des Essens angelangt, als ein Inder zu unserem Tisch kam und davor stehen blieb. John aß weiter, Ted nahm einen Schluck Tee, und ich sah den Mann an. Er schaute eine Weile in die Runde.

»Wer seid ihr?«, fragte er endlich.

»Zwei Amerikaner und ein Deutscher«, antwortete John und wischte sich den Mund mit einer Serviette ab. »Und wer bist du?«

»Ich bin« – Kunstpause – »der Wüstenkönig.« Ted verschluckte sich am Tee, John zog eine Augenbraue hoch, und ich unterdrückte ein Grinsen.

»Oder zweifelt ihr etwa daran?«

»Oh, keineswegs«, versicherte Ted zuvorkommend.

»Und was machst du, wenn du gerade mal nicht der Wüstenkönig bist?«, fragte John leutselig.

»Mir gehört dieses Hotel hier. Und ich möchte wissen, ob ihr zufrieden seid«, erwiderte der Inder würdevoll. Wir sagten, dass alles bestens sei, und als er unseren Tisch verlassen hatte, schaute Ted mich einen Augenblick düster an. »Ich bin der Wüstenkönig«, sagte er dann im Tonfall des Hotelbesitzers, »oder zweifelt ihr etwa daran?« John und ich und ein paar Gäste am Nebentisch, die das Gespräch mitbekommen hatten, fingen an zu lachen.

»Noch eine halbe Stunde, dann geht's los«, sagte Ted, nachdem wir gefrühstückt hatten und wieder in den Gassen von Jaisalmer waren. »Komm mit, Bernhard. Denk an all die Fata Morganas, die du verpasst.«

»Das Einzige, was ich verpasse, sind ein deftiger Sonnenbrand und ein paar Sandhügel. Nein, ich schaue mir lieber das Fort an.«

Ich begleitete John und Ted zurück zu »*Adventure Tours*«. Auf dem Weg passierten wir eine Gruppe junger indischer Männer, die auf den Treppen eines großen Hauses saßen.

»*Hey, where from?*«, rief einer von ihnen.

»*America and Germany*«, sagte John gewohnheitsmäßig im Vorbeigehen.

»Wartet«, rief der Inder zurück.

»Warum nicht«, sagte Ted zu uns, »vielleicht können wir ja wieder etwas lernen.«

Und wir lernten in der Tat etwas. Nachdem sich das Gespräch anfänglich um Belanglosigkeiten gedreht hatte – nach dem Wie-heißt-du-wo-kommst-du-her-was-machst-du-Prinzip –, kam Yassin, der Wortführer der Gruppe, langsam zu seinem Lieblingsthema: »Frauen und wie man mit ihnen umgehen muss.« Westliche Frauen seien ja so viel offener für Sexualität, nicht so prüde wie die Inderinnen, kleideten sich aufregend und so weiter und so weiter. Ted, John und ich hörten wissbegierig zu. Schließlich, nach einem Exkurs in die jainistisch-altindische Liebeskunst, hielten wir drei es in Anbetracht der vorgerückten Zeit doch für ratsam aufzubrechen. Wir schossen das obligate Abschiedsfoto und bedankten uns höflich für die erteilte Lektion. Dann gingen wir weiter. Ted schüttelte den Kopf und lachte, John pfiff ein Lied, und ich freute mich auf das Fort von Jaisalmer.

Nachdem wir uns getrennt hatten, ging ich in der Mittagshitze den steinigen Weg zur Sandfestung hinauf. Bedrohlich und trutzig baute sich das Fort vor mir auf. Jaisal, ein Fürst aus dem Geschlecht der Bhatis, hatte die Zitadelle im Jahr 1156 auf dem Trikuta-Felsen errichten lassen, der sich achtzig Meter hoch aus der ebenen Wüste auftürmt. Jaisalmer heißt »Berg des Jaisal« und hatte aufgrund seiner Lage eine strategisch günstigere Position für die Bhati-Rajputen als Loduva, ihr voriger Stützpunkt. Die Zölle und Abgaben, die Karawanen leisten mussten, die zwischen dem Industal und den Rajputenländern verkehrten, waren die Haupteinnahmequelle für die Rajputenfürsten von Jaisalmer. Später, als sie sich mit den Kaisern der islamischen Mogul-Dynastie arrangierten, Dienst in deren Armee und Verwaltung leisteten, gelangten sie zu hohem Ansehen und großem Reichtum. Jaisalmers Abstieg begann mit der Verlagerung der wirtschaftlichen Zentren und Handelsrouten: Im kolonialen Indien legten die Engländer ein Eisenbahnsystem an, das zwar dicht war, die alten Wege durch die Wüste jedoch vernachlässigte. Während Bombay an Bedeutung gewann als Umschlagstelle, besonders für Waren, die auf dem Seeweg nach Indien kamen, geriet Jaisalmer mehr und mehr in die Isolation, und viele Kaufleute wanderten ab. Von den ehemals etwa 35 000 Einwohnern der Stadt waren Anfang dieses Jahrhunderts nur noch ein paar tausend übrig – Hirten und einige Handwerker. Erst Ende der Sechzigerjahre ging es wieder bergauf mit Jaisalmer. Die politischen Zwiste mit dem Nachbarn Pakistan machten einen Militärposten in der Stadt notwendig; ein Kanalprojekt sicherte die Wasserversorgung; und 1968 wurde Jaisalmer an das Eisenbahnnetz angeschlossen. Noch heute künden die sieben reich verzierten Tempel im Inneren des Forts, die von Jain-Kaufleuten gestiftet worden waren, von Jaisalmers ehemaligem Reichtum. Als ich die Tempel erreichte, waren sie bereits geschlossen. »Nur vormittags geöffnet«, lautete die lakonische Antwort des Wächters.

»Aber es ist doch erst kurz vor zwölf«, versuchte ich mein Glück. Schweigen.

»Gar nichts zu machen?«, fragte ich. Kopfschütteln.

»Bakschisch?« – Mein letzter Trumpf. Würdevoll und eine Spur beleidigt schaute mich der alte Wächter an. »*Closed*«, sagte er dann, schlurfte mit seinen ausgetretenen Sandalen davon und verschwand in einem dunklen Hauseingang. So musste ich erfahren, dass sich in Indien doch nicht alles durch ein »Bakschisch« regeln ließ, verpasste auf diese Weise auch die Gyan-Bhaudar-Bibliothek, einen unterirdischen Raum mit mehreren tausend alten Manuskripten, und fand mich schließlich bei einem Wasserhändler wieder, bei dem ich meinen Ärger über meine Dummheit mit einer kalten Flasche »Silver Spring«-Soda herunterspülte. Ich kaufte mir noch eine weitere Flasche, steckte sie in meinen Rucksack und ging durch die engen Gassen der Zitadelle. Sie waren schattig und verwinkelt und manchmal mit Schutt und Steinen so verengt, dass gerade ein Fußgänger hindurchpasste. Mitunter hatte es sich dort auch eine Kuh gemütlich gemacht. Zuerst war sie mir gar nicht aufgefallen – die Stille. Fernab von den Motorengeräuschen und dem Schreien der Händler aus der unteren Stadt herrschte hier Ruhe. Kühe lagen im Schatten einiger Bäume; ab und zu ein Gesicht hinter einem Fenster – nur ein Schemen; ein paar Hunde, die schnüffelnd hinter mir herliefen und dann in einer Seitengasse verschwanden. – Platsch! Ich fluchte. Es gab in dieser Festung kein Kanalisationssystem – nur Rohre, die aus den Häuserwänden ragten, und durch die wurden alle Abwässer geschüttet. Es hatte mich erwischt – meine ganze rechte Seite: T-Shirt, Hose und Schuhe. Ich verzog mich in eine schattige Ecke auf dem Wehrgang nahe einer der riesigen Kanonen, die schon seit mehreren hundert Jahren dort herumstanden, kaum versehrt vom Zahn der Zeit, und reinigte meine Kleider mit dem restlichen Mineralwasser – so gut es eben ging. Dann legte ich sie auf die Mauer zum Trocknen, schob meinen Hut ins Gesicht und döste ein.

Etwas später am Nachmittag besuchte ich den am Eingang der Festung gelegenen Fürstenpalast, löste beim Wächter ein Eintrittsticket, ging durch die Zimmerfluchten und über die Balkone und gelangte schließlich auf die Dachebene, von der ich einen guten Überblick über die Festung hatte. Am südlichen Ende der Zitadelle sah ich einige verschachtelt gebaute Tempelanlagen, dahinter, jenseits der Stadtmauern, erstreckte sich nur noch die Einöde der Wüste. Schließlich verließ ich den Palast wieder und ging zurück in die untere Stadt und schaute mir die *havelis* an, die kleinen privaten Paläste, die sich reiche Jain-Kaufleute vom 12. bis zum 18. Jahrhundert hatten kunstvoll bauen lassen, um mit dem Reichtum der Maharadschas zu konkurrieren. Den Namen hatten diese Häuseranlagen von ihren filigranen, aus Sandstein gemei-

Reichverzierter Tempel im Innern des Forts

Haveli – *filigrane, aus Sandstein gemeißelte Gitterfenster*

ßelten Gitterfenstern – den *havelis* eben. Sie schützten nicht nur
die Frauen in den Gebäuden vor neugierigen Blicken von außen,
sondern ermöglichten in der heißen Jahreszeit auch eine angenehm kühlende Luftzirkulation. Als ich schließlich müde vom
Herumgehen war und von der Hitze, suchte ich nach einem Platz
zum Ausruhen. Ich fand ihn nach einigem Suchen: ein kleines Restaurant im ersten Stock eines unscheinbaren Hauses. Ich musste
zuerst durch mehrere dunkle Gänge gehen, dann eine Treppe hinauf und über einen Balkon klettern. Es war ein Familienbetrieb,
und ich war der einzige Gast. Ich setzte mich auf den Balkon in den
Schatten eines großen Sonnenschirmes, bestellte *chapatis*, gerös-
tete Erdnüsse und Limonade und genoss den Ausblick auf die Festung.

Etwa eine halbe Stunde später kam eine Frau, setzte sich zu mir
unter den Sonnenschirm und sprach mich auf Italienisch an.

»Klar, der Platz ist noch frei; aber ich spreche kein Italienisch,

Zwei Kühe haben es sich im Schatten eines Gäßchens bequem gemacht

und das könnte die Unterhaltung sehr einseitig werden lassen«, antwortete ich auf Englisch.

»Dann sprechen wir doch Deutsch«, meinte sie.

»Sehe ich wirklich so deutsch aus?«, fragte ich lachend. Sie nickte und lachte auch. Ihr Name war Theresa, sie kam aus Mailand und war das dritte Mal in Indien. Sie erzählte mir, dass sie gerade aus Goa angekommen sei, einer ehemals portugiesischen Kolonie, etwas mehr als 400 Kilometer südlich von Bombay; der Monsun habe für mehrere Tage das Eisenbahnfahren fast unmöglich gemacht und viele Menschen seien umgekommen. Das waren schlechte Nachrichten für mich, denn eigentlich hatten Ted, John, Surrendar und ich nach Goa fahren wollen. Dann sprachen wir über Jaisalmer, und Theresa erzählte von den Siebzigerjahren, als sie zum ersten Mal in Jaisalmer gewesen war und es noch kaum Touristen hier gab. Wir unterhielten uns bis zum frühen Abend.

Um kurz nach sieben Uhr nahm ich mir ein Taxi und fuhr zum Bahnhof zurück. Ich hatte mich dort mit Ted und John um halb acht verabredet; denn der Zug sollte um acht Uhr abfahren. Am Bahnhof herrschte das übliche Durcheinander. Ich kaufte – diesmal ohne Probleme – drei Fahrkarten nach Jodhpur, eine Zeitung und eine Flasche Soda und setzte mich etwas abseits. Um Viertel vor acht hatte ich die Zeitung durchgelesen, das Mineralwasser ausgetrunken und die beiden waren noch nicht gekommen. Um zehn Minuten vor acht hielten ein paar Jeeps von »*Adventure Tours*« vor dem Bahnhof. Ich fragte die Fahrer nach meinen Freunden, doch die zuckten nur die Achseln.

Auf dem Bahnsteig machten sich die ersten Passagiere daran, in den Zug einzusteigen. Wenn Ted und John nicht rechtzeitig kämen, dachte ich, dann müssten wir noch einen Tag länger bleiben. Die Zeiger der großen Bahnhofsuhr im Foyer zeigten auf acht Uhr neun, als auch die Schaffner zustiegen und der Bahnbeamte am Gleis mit der Kelle winkte. Gott, warum musste ausgerechnet dieser Zug pünktlich abfahren?! Langsam setzte er sich in Bewegung.

»Na los, worauf wartest du noch, Ben, lauf!« Ted und John kamen mir auf dem Bahnsteig entgegengerannt. Der Zug wurde schneller. Wir drei liefen dem letzten Waggon nach.

»Hat überhaupt jemand Tickets besorgt?«, schnaufte John.

»Ja, ich!«, rief ich. Endlich erreichte ich das Trittbrett und sprang auf. John war der Nächste. Dann beschleunigte der Zug noch mehr, und Ted fiel zurück. »Komm, du schaffst es«, riefen wir beide. Ich streckte meine Hand aus. Ted griff danach und dann sprang er. Wir drei fielen gegen die Wand des Zugabteils und rutschten dann zu Boden. Eine Weile sagten wir gar nichts und atmeten nur tief ein und aus.

»Warum kommt ihr so spät?«, brachte ich endlich heraus.

»Gerade rechtzeitig würde ich das nennen«, meinte John trocken.

»Der Wagen ist im Sand stecken geblieben«, erklärte Ted.

Als wir in unser Abteil gingen, das wir mit einem zahnlosen Armeeoffizier teilten, und der Zug immer weiter in die Nacht hineinfuhr, grinste Ted mich an: »Na, Ben, war doch spannend, oder?! Und du dachtest sicher, das gäb' es nur im Film.«

Letzte Tage in Jodhpur

Mitten auf einer der größten und befahrensten Kreuzungen im Zentrum von Jodhpur stand ein enormes Podest – in einem Stück aus Beton gegossen. Es war vor wenigen Wochen eigens für einen Minister aus Neu-Delhi als Plattform angefertigt worden. Der Minister hatte von dort aus eine Wahlkampfrede gehalten und dann das nächste Flugzeug zurück nach Delhi genommen. Es war derselbe Mann gewesen, den ich in Jaipur mit seinen Leibwächtern in letzter Sekunde in unser Flugzeug hatte einsteigen sehen. Seine Rede in Jodhpur mochte vielleicht eine Viertelstunde gedauert haben, und nun, nachdem neun Tage vergangen waren, hämmerten Arbeiter noch immer mit Spitzhacken an dem Betonbrocken herum, um ihn wieder von der Kreuzung abzutragen. Warum die Inder das Podest aus Beton gegossen hatten, wenn es doch nur für diese eine Rede dienen sollte, das konnte oder wollte mir niemand beantworten. Und auch nicht, warum sie es mitten im verkehrsreichen Zentrum platziert hatten, wo es nicht nur alle Verkehrsteilnehmer behinderte, sondern auch den Abtragemannschaften das Leben schwer machte, weil sie die Betonstücke durch einen fortlaufenden Strom von Rikschas, Mopeds und Kamelen hindurchtragen mussten. Ich passierte die Kreuzung, als ich in die Stadt fuhr, um bei einer Bank Geld einzutauschen. Etwa ein Dutzend Männer in schmutzig weißen Hemden schlugen mit allerlei Werkzeug auf die Reste des Betonsockels ein. Ausgemergelte dünne Arme trugen schwere Körbe mit den Bruchstücken durch den Verkehr – irgendwohin – und schufen so einen weiteren Schutthaufen mitten in der Stadt.

Die erste Bank, die ich erreichte, war geschlossen – auf unbestimmte Zeit, wie mir ein Schild in krakeligem Hindi und Englisch erklärte. Warum, das stand nicht dort. Die zweite Bank war auch geschlossen, aber nur, weil die Angestellten dabei waren, die Mittagspause ein wenig auszudehnen. Das erzählte mir ein Inder, der gelangweilt im Schatten eines Akazienbaumes lag und Zeitung las. Bei genauerem Hinsehen erkannte ich die Schriftzeichen des Titels. Es war *Der Freund der Armen,* und ich hätte zu gerne gewusst, wo der Korruptionsjäger diesmal zugeschlagen hatte. Die dritte Bank war ebenfalls geschlossen, und ich begann zu ahnen, dass es vielleicht doch gar nicht so einfach war, in Indien Geld umzutauschen. Bei Bank Nummer vier hatte ich endlich Glück. Sie war offen, wenngleich mir ein riesiger Mann den Weg versperrte. Er trug eine aus verschiedenen Teilen zusammengestellte Fantasieuniform, eine abgesägte Schrotflinte und hatte einen Patronengurt um seine Schulter geschlungen. Einige Schrothülsen fehlten. Für ein paar Sekunden musterte er mich. Ich lächelte, und er ließ mich passieren. Wahrscheinlich lächelte man in Indien nicht, wenn man plante, eine Bank zu überfallen. Der Schalterraum war groß, muffig und erinnerte vage an eine umgebaute Fabrikhalle. Riesige Ventilatoren summten in Dreierreihen geschäftig an der Decke, doch am Boden war es still: Die meisten Schalter waren nicht besetzt. Ein paar Angestellte saßen gelangweilt weiter hinten im Raum, unterhielten sich, tranken Tee oder säuberten sich die Fingernägel. Ich wandte mich an einen Mann, der mit kratzender Feder Reihen von Zahlen in ein großes Buch schrieb.

»Hallo, ich würde gern Traveller-Schecks in Rupien tauschen«, sagte ich. Keine Antwort. Vielleicht war er schwerhörig? Ich wiederholte meinen Wunsch lauter. Es war wohl ein wenig zu laut gewesen; denn der Posten an der Tür hatte sich umgedreht; die Teetrinker hielten inne; die Frau unterbrach ihr Fingernägelsäubern; das Gespräch verstummte; alle starrten mich an. Ich lächelte freundlich in die Runde. Der Mann mit der Feder schaute auf.

»Wenn Sie Schecks umtauschen wollen, setzen Sie sich dort auf die Bank«, sagte er. Ich setzte mich auf die Bank und der Mann schrieb weiter in sein Buch. Etwa zehn Minuten vergingen.

»Die Traveller-Schecks…«, versuchte ich es noch einmal. Der Bankangestellte sah mich gequält an, sagte nichts und schrieb weiter. Dann, endlich, klappte er das Buch zu und winkte mich heran. Ich setzte mich zu ihm, und er öffnete ein anderes Buch. Ich unterschrieb den Fünfzigdollarscheck und gab ihn dem Mann. Der verglich die Unterschrift auf dem Scheck mit der in meinem Pass. Unschlüssig wiegte er den Kopf hin und her, schaute mich prüfend an, stand schließlich auf und ging zu den Teetrinkern in der Ecke des großen Raumes. Auch die schauten sich meine Unterschrift an. Nach einiger Zeit schüttelten sie vage die Köpfe, sogar die Frau, die sich noch immer die Fingernägel putzte; sie schaute gar nicht erst auf. Nach minutenlangem Beratschlagen kam der Bankangestellte zurück und ließ mich weiter unterschreiben – insgesamt noch sieben Mal. Als er sich endlich sicher schien, dass ich wirklich der war, für den ich mich ausgab, drückte er mehrere Stempel auf ein offizielles Blatt Papier und schickte mich zu Schalter acht. Schalter acht war nicht besetzt. Als ich mich an den Angestellten an Schalter sieben wandte, zeigte der auf mein Blatt Papier, in dessen rechte obere Ecke eine große Acht mit Bleistift geschrieben war, zuckte die Schultern – und ich wartete weiter bei Schalter acht. Nach einer Viertelstunde schlurfte der Beamte von Schalter acht mit einer Tasse Tee in der Hand heran, setzte sich auf seinen Stuhl und blätterte ziellos ein paar Bücher durch. Zu diesem Zeitpunkt hatte ich schon einen leicht erhöhten Puls, da ich von Natur aus kein sehr geduldiger Mensch bin. Und weil ich mich selbst ganz gut kenne, bemühte ich mich, besonders höflich zu sein.

»Hallo, ich würde gerne meine Rupien abholen, die ich für den Traveller-Scheck bekomme«, sagte ich und schob dem Mann das Stück Papier zu. Der machte jedoch eine abweisende Geste mit den Händen und gebot mir zu warten. Ein Bote, der die Bank betrat und zielstrebig auf den Mann hinter Schalter acht zuging, erlöste mich schließlich von meinem Ausharren. Er lieferte ein Päckchen ab und verschwand so schnell, wie er gekommen war. Der Bankangestellte öffnete das Päckchen hocherfreut, und ich sah – ein Bündel indischer Comic-Hefte. Vergnügt lächelte mich der Kassierer an, hatte er doch endlich bekommen, worauf er so lange gewartet hatte (und ich mit ihm), und bearbeitete dann meine Abrechnung: Er stempelte das Papier noch zwei Mal ab, setzte seine Unterschrift darunter, doch gerade, als er mir das Geld aushändigen wollte, trat ein anderer Mann hinter den Angestellten in den Schalterraum. Der Fremde rief ihn bei seinem Namen, der Kassierer sprang freudig auf, ließ mein Geld fallen – hinter der Glasbarriere, sodass ich nicht daran kam –, und die beiden Männer umarmten sich. Verwirrt und ein bisschen ungehalten (schließlich war ich meinem Geld schon so nahe gewesen) fragte ich einen Inder hinter mir in der Reihe, was da eigentlich vor sich gehe.

»Oh, das sind zwei alte Freunde, die sich lange nicht gesehen haben«, antwortete der Inder und hörte interessiert dem Gespräch zwischen dem Bankangestellten und dessen Freund zu. Das unverhoffte Wiedertreffen der beiden alten Freunde sprach sich schnell in der Bank herum, und so kamen die Teetrinker aus der hinteren Ecke des Raumes hinzu; die Frau unterbrach ihr Fingernägelputzen; der Wachposten an der Tür ignorierte seinen Dienst; alle trafen sich bei Schalter acht, und es wurde plötzlich sehr voll dort. Auch die Inder hinter mir in der Schlange freuten sich und lachten mich an und übersetzten, so weit es ihr Englisch zuließ, was die beiden Freunde alles erlebt hatten – und das war vor sechzehn Jahren gewesen. Mein Ärger verrauchte. Als ich die Bank schließlich verließ, waren anderthalb Stunden vergangen, doch ich hatte das Gefühl, einen wirklich schönen Nachmittag mit netten Leuten verbracht zu haben.

Gegen Mittag des nächsten Tages wollten wir schwimmen gehen. Wir hatten uns vorher fast den ganzen Vormittag den Kopf über unsere Reiseroute zerbrochen. Ted wollte nach Kaschmir und im Himalaya »trekking« gehen; Surrendar und sein Bruder wollten nach Goa; ich wollte nach Benares an den Ganges, eine der heiligen Städte Indiens schlechthin; John war es egal; und dann wollten wir noch alle zusammen reisen. Schließlich hatten wir uns geeinigt, zuerst im Zug nach Bombay zu fahren und dann weiterzusehen.

Wir nahmen die Mopeds. Surrendar und John das eine, Ted und ich das andere. Ted setzte seine Baseballkappe falsch herum auf und stürzte sich in den Verkehrsstrom wie ein japanischer Kamikazeflieger. Und während wir im Mittagsverkehr Autorikschas, Kamelen, Ochsenkarren, Lastern und Fußgängern auswichen, drehte sich Ted zu mir um, gab mir seinen Fotoapparat und bat mich, einige Bilder zu schießen – »für daheim, damit sie auch wissen wie's hier aussieht«. Dann geschah es: Weil sich Ted umgedreht hatte, sah er die Eselherde nicht, die die Straße überquerte. Ich schrie: »Ted!« Der versuchte auszuweichen. Zu spät. Das Moped fuhr einem Tier in die Seite. Der Esel quiekte – und lief weiter. Wir fielen vom Moped – und landeten in einem Haufen Sand an der Straßenseite. Eine Weile blieben wir liegen.

»Bist du okay, Ben?«, fragte Ted.

»Ja«, sagte ich. »Toll, ganz toll, wie du das gemacht hast, Ted.« Ted entschuldigte sich. Wir standen auf und erklärten den anderen, dass alles in Ordnung sei. Dann fuhren wir zum »Umaid Bhavan Palast«, einem Hotel, das über einen luxuriösen Swimmingpool verfügte.

»Tut mir Leid, der Pool ist nur Gästen des Hotels zugänglich«, sagte der Portier an der Rezeption.

»Aber ich bin hier schon einmal geschwommen«, sagte Surrendar. Der Portier unterhielt sich mit gesenkter Stimme mit einem anderen uniformierten Inder und sagte dann laut: »Wie ich schon sagte, es tut mir Leid, Sir. Aber dies ist eine neue Regelung.«

»Wie neu?«, fragte John.

»Kiosk« in Jodhpur

»Fünf Minuten«, erwiderte der Portier. Das war deutlich, und Ted sagte etwas sehr Unfeines, als wir den Palast verlassen hatten und in der Mittagshitze wieder zu den Mopeds gingen.

Wir fuhren zu einem anderen Hotel, in dem Surrendar und ich schon einmal gegessen hatten und von dem wir wussten, dass es auch einen Swimmingpool hatte. Nachdem wir die Mopeds abgestellt hatten, betraten wir die Innenhalle. Der Temperaturunterschied war immens: Im Vergleich zu den 45 °C draußen auf der Straße sorgte die Klimaanlage des Hotels für fast angenehme Kühle. An der Rezeption fragten wir, ob es möglich sei, den Pool des Hotels zu benutzen. Ja, das sei durchaus möglich, antwortete der Inder, der aussah wie ein Hotelangestellter; doch dann räusperte er sich und deutete auf Surrendar. »Inder sind am Pool unerwünscht«, sagte er. Surrendar wurde blass, und ich dachte, ich hätte nicht richtig verstanden.

»Wie bitte?«, fragte John.

»Sie müssen das verstehen.« Der Inder an der Rezeption suchte nach Worten. »Die Gäste unseres Hotels möchten nicht –«

»Oh, wir verstehen sehr gut«, sagte ich. »Aber was ist das eigentlich für ein Gefühl, wenn ein Inder einem anderen Inder sagt, er sei in seinem eigenen Land unerwünscht?« Der Portier schwieg.

»Komm, lasst uns gehen«, sagte Ted. »Wir haben es nicht nötig, uns das bieten zu lassen.« Surrendar hatte bis jetzt geschwiegen, doch nun schüttelte er den Kopf und redete den Portier direkt an: »Ich möchte den Manager sprechen – sofort!«

Der Mann schluckte. »Ich bin der Manager«, sagte er dann.

»Sie haben mich nicht nur vor meinen Freunden gedemütigt, Sie haben auch Ihr Land und sich selbst entehrt.« Bei den letzten Worten wurde Surrendars Stimme lauter. Ein paar Gäste, die am Pool lagen, schauten verwirrt zur Rezeption. Der Manager schwieg. Danach gingen wir zum Swimmingpool und schwammen ein paar Runden. Niemand hielt uns auf. Dann kleideten wir uns wieder an und verließen ungehindert das Hotel. Doch der Nachmittag war verdorben.

Gegen Abend reservierten wir am Bahnhof ein Abteil für den Nachtzug nach Bombay. Wir wollten am nächsten Tag losfahren. In der Nacht ging es Ted jedoch sehr schlecht. Er hatte Magenkrämpfe, Durchfall und hohes Fieber. Am Morgen brachte Surrendar ihn ins Krankenhaus. Ich war der Nächste, der krank wurde, es waren die gleichen Symptome. Ich hatte mich schon den ganzen Vormittag schlecht gefühlt und einige Aspirintabletten genommen; doch hatte ich sie schon nach kurzer Zeit wieder erbrochen. Dann konnte ich überhaupt nichts mehr bei mir behalten – weder Essen noch Wasser, noch Tabletten.

Surrendar fuhr auch mich mit dem kleinen, stotternden Moped ins Krankenhaus. Ein paar Leute warteten draußen im Schatten unter den Bäumen. Drinnen roch es nach Desinfektionslösung. Wir gingen durch lange, graue Korridore. Aus einem Schlafsaal klang ein gedehntes Stöhnen, aus einer anderen Ecke ein Wimmern: Ein kleines Mädchen beugte sich über einen reglosen bandagierten Körper und fing an zu weinen. Ich wartete eine Zeit lang auf einer Bank und konnte in einen anderen Schlafsaal blicken. Zehn Betten standen darin, und in ihnen lagen Inder mit verschiedenen Krankheiten. Der kleine Raum war überfüllt mit den Kranken und deren Besuch und dem Arzt, dem Schweißperlen auf der Stirn standen und der Schwester, die geduldig seine Anweisungen auf einen Notizblock schrieb. Irgendwann kümmerte sich jemand um mich. Es war der junge Arzt aus dem Schlafsaal. Er hörte mir geduldig zu, tastete dann meinen Bauch ab und ließ mir Blut abnehmen. »Nur, um sicherzugehen, dass Sie sich keine Malaria ein-

Straßenszene in Jodhpur

gefangen haben«, sagte er. Dann verschrieb er mir eine Unzahl von Medikamenten und schickte mich wieder nach Hause. Surrendar sollte sich nach dem Ergebnis der Blutuntersuchung erkundigen – am frühen Abend. Aber dann fahren wir schon nach Bombay, wollte ich sagen, aber Surrendar hatte mich schon wieder nach draußen geschoben. Auf dem Heimweg hielten wir an einer Apotheke, nein, es war keine Apotheke, eher eine Art Kramladen, und Surrendar kaufte die neun Medikamente, die mir der Arzt verschrieben hatte. Der Verkäufer gab uns keine geschlossenen Packungen, sondern zählte aus offenen Schachteln so viele Tabletten ab, wie der Arzt aufgeschrieben hatte. Später merkte ich, dass die Verfallsdaten auf den Durchdrückfolien der meisten Pillen schon längst abgelaufen waren, doch da hatte ich schon ein paar gelbe und grüne geschluckt. Im Haus von Surrendars Großmutter legte ich mich auf das wacklige Bettgestell unter dem großen Ventilator und schluckte noch ein paar Tabletten. Die Kinder kamen in den Raum und fragten, ob sie auch ein paar Bonbons haben dürften, und ich erklärte ihnen, dass diese ganz scheußlich schmeckten und dass sie lange schwarze Haare davon bekämen. Da ließen sie mich in Ruhe. Dann kam das Fieber wieder und mit ihm der Schüttelfrost; ich fühlte mich schwach und elend. Irgendwann schlief ich ein.

Im Bummelzug nach Bombay

Surrendar steht plötzlich mitten im Raum. Durch und durch nass vom Regen, drückt er mir ein schmutziges, aufgeweichtes Stück Papier in die Hand.

»Das ist der Befund«, sagt er und wischt sich die nassen Haare aus dem Gesicht »– wenigstens keine Malaria. Aber sonst wissen sie nicht, was du hast. Wie geht's dir?«

»Geht so«, antworte ich, und wir beide wissen, dass es nicht stimmt. Wenig später kommen John und Ted hinzu. Ted sieht blass aus – John gut wie immer.

»Überlegen wir mal«, sagt Surrendar. »Ted und Bernhard geht's überhaupt nicht gut, wir wissen nicht, was es ist, und unser Zug, für den wir die Tickets schon haben, geht in zwei Stunden. Was machen wir also? Wollt ihr beide euch erst auskurieren, und wir treffen uns dann in Bombay, sobald es euch besser geht?«

Ted und ich stimmen jedoch dafür, zusammen zu fahren, da wir nicht wissen, wie lange es dauert, bis wir wieder richtig gesund sind.

»Es ist immerhin ein Nachtzug«, sage ich, »da können wir uns ausruhen und ein bisschen schlafen.« Ted nickt. »Außerdem wird's in Bombay wohl irgendeinen Arzt geben, der uns sagen kann, was für eine Krankheit wir haben – ohne dass wir Dutzende von Pillen schlucken müssen.« Und so beschließen wir, unsere Sachen zu packen und wie geplant den Nachtzug nach Bombay zu nehmen.

Um acht Uhr besorgt Narpad Singh uns drei Autorikschas; auch er kommt völlig durchnässt zurück. »Der Monsun hat begonnen«, sagt er. Der Abschied ist kurz. Ich kann mich kaum auf den Beinen halten und Ted scheint es nicht anders zu gehen. Als ich mich von Surrendars Großmutter verabschiede, hält sie meine Hand fest.

»Sie wird dir eine gute Frau besorgen, wenn du das nächste Mal kommst«, übersetzt Surrendar die Worte seiner Großmutter.

»Dann werde ich mich beeilen«, lächle ich, und wir greifen nach unserem Gepäck. Mein Rucksack kommt mir viel schwerer vor als sonst. Die Rikschas warten schon auf uns, und wir tragen unsere Rucksäcke durch den warmen Regen und den Matsch des Innenhofes. Es dauert einige Zeit, bis wir alles verstaut haben, und als wir endlich in der Rikscha sitzen, sind wir bis auf die Haut nass. Dann fahren wir zum letzten Mal durch Jodhpur: Manchmal haben die Wolkenbrüche die Stein- und Schuttberge vom Rand auf die Straße gespült. Fluchend versuchen die Fahrer, die Hindernisse zu umgehen. Einmal kippt unser dreirädriges Gefährt beinahe um, und ein Rucksack fällt mir in den Rücken. Im Moslemviertel, das wir auf unserem Weg passieren, herrscht heilloses Durcheinander. Eine Flut von Regenwasser strömt uns auf der ansteigenden Straße entgegen, und die Motoren der Rikschas fangen an zu stottern. Das Wasser reißt die Elendshütten mit sich, die oft nicht mehr sind als zerbrechliche Gebilde aus ein bisschen Holz und Pappe. Und das Geschrei von Babys und kleinen Kindern mischt sich mit den ruhigeren Stimmen der Eltern, die bemüht sind zu retten, was noch zu retten ist.

Der Bahnhof sieht grau und schmutzig aus im Regen, und mir schwappt schlammiges Wasser in die Sandalen, als wir aussteigen. Auf dem Bahnsteig wartet schon Narpad Singh auf uns. Er ist mit dem Moped vorgefahren. Ich steige in den Zug ein, und Narpad hilft mir, den Rucksack zu tragen. Dann steckt er mir noch Bananen, eine Packung Kekse und Kaugummi zu. »Für unterwegs«, sagt er und drückt kräftig meine Hand. Schließlich fährt der Zug los. Ich stecke meinen Kopf zum Fenster hinaus, und der Regen schlägt mir ins Gesicht. Narpad Singh steht am Bahnsteig, und ich schaue aus dem Fenster, bis seine Gestalt in der Dunkelheit verschwunden ist. Ein Aufbruch mit fliegenden Fahnen, denke ich und gehe ins Abteil zu den anderen zurück. Ich lege mich hin. Das gleichmäßige Schaukeln des Zuges macht mich müde; schließlich schlafe ich ein.

Regentropfen laufen die Fensterscheibe hinunter. Ich starre nach draußen. Ab und zu spritzt mir ein Wassertropfen ins Gesicht. Das Fenster ist undicht. Wir sitzen in einem Bummelzug nach Bombay. Heute Morgen haben wir den Anschlusszug verpasst, als wir in Ahmedabad umsteigen mussten – nur um wenige Minuten. Und dieser Zug war die einzige Möglichkeit, noch heute in Bombay anzukommen. Ted und ich liegen in einem Abteil zusammen – der »Krankenstation«, wie Surrendar, John und Raja es genannt haben; sie sind nebenan.

Die Landschaft hat sich über Nacht verändert: Im Gegensatz zur sandigen Wüstenlandschaft Rajasthans ist hier, etwa 300 Kilometer weiter südlich, alles üppig grün. Kleine Niederungen hat der warme Monsunregen in Seen mit schlammig braunem Wasser verwandelt, in denen oft Kühe, Wasserbüffel und Menschen zusammen baden. Der Zug hält an jedem kleinen Bahnhof, und auf den Bahnsteigen drängen sich Menschen dicht unter den Balustraden zusammen, um sich vor dem Regen zu schützen, oder sie stehen unter schwarzen Regenschirmen. Die Menschen sehen hier anders aus als in Rajasthan. Ihre Haut ist dunkler, und sie sind kleiner. »*Limca, chapati, tea*«, tönt es auf den Bahnhöfen aus allen Ecken; kleine, magere Händler laufen umher; sie kommen zum Fenster, und ihre Preise sind horrend. Ted und ich zahlen, was wir für angemessen halten. Die Händler zetern, fluchen, betteln und schreien, doch nie versuchen sie, in das Innere des Zuges zu kommen. Die Fahrt geht weiter, und das Bild ist immer das gleiche – die überschwemmten Reisfelder, die Wasserbüffel, die sich in den neuen Teichen suhlen, die Lehmdörfer, die Bahnhöfe und die schwarzen Regenschirme. Und die Regentropfen, die noch immer die Scheibe hinunterlaufen.

Erst schauen uns die Leute verständnislos an; dann lachen sie. Der dicke Mann vor uns muss sogar seinen Bauch festhalten, und sein Bariton dröhnt uns entgegen.

»Ich glaube, ich habe mich in der Seite vertan«, sagt Ted und blättert in seinem Konversationsbuch *Useful Hindi Phrases*. Der Zug steht auf einem der unzähligen Bahnhöfe auf der Strecke nach Bombay, und Ted betreibt Smalltalk.

»Ah, ja, hier steht es. Ich habe gerade gesagt: ›Möchten Sie dem Baby die Windeln wechseln?‹« Ted unterhält sich weiter, und die Antworten sind leicht zu verstehen, denn die Inder lachen pausenlos. Als der Zug weiterfährt, winken sie uns noch lange hinterher, Ted lehnt sich zufrieden zurück.

»Ich denke, wir haben ihnen wirklich eine Freude gemacht«, sagt er. »Und nun mache ich mir eine.« Er greift in seinen Rucksack und schluckt zwei Pillen – eine rote und eine grüne.

Gegen Einbruch der Abenddämmerung erreichen wir die Vororte Bombays. Pendlerzüge rattern an uns vorbei, oft so überfüllt, dass viele Passagiere draußen auf den Trittbrettern mitfahren. Neben den Bahnhöfen, die nun in regelmäßigeren Abständen kommen, sehen wir immer mehr selbst gebastelte Hütten aus allen möglichen Materialien: aus Holz, Plastikresten, Wellblech, Dreck und Schutt. Vor den Hütten brennen kleine Feuer, um die sich Gestalten kauern und weiß der Himmel was in ihren Töpfen kochen. Dann sind wir der Stadt schon ganz nahe. Wir fahren an den *chawls* vorbei, den übervölkerten Mietskasernen, und manchmal werden die untersten Stockwerke von den angehenden Straßenlampen in ein krankes gelbliches Licht getaucht. Plötzlich sind wir da. »Bombay Central Terminus« – der Zentral-Bahnhof. Als ich aussteige, schlägt mir warme, feuchte Luft entgegen und nimmt mir fast den Atem. Träger in roten Uniformen drängen in den Zug, um dicken schnaufenden Reisenden beim Tragen ihrer noch dickeren Koffer und Taschen zu helfen – und dann ihr Bakschisch entgegenzunehmen. Dürre Schlepper in schmutzig weißen Hemden lungern am Rand und stürzen sich, kaum dass wir ausgestiegen sind, auf uns. Natürlich kennen sie die besten Hotels, die ehrenwertesten Taxifahrer, und gegen ein kleines Bakschisch wären sie bereit, diese Informationen mit uns zu teilen. Vielleicht würde mir das ganze Treiben auf dem Bahnhof sogar Spaß machen, wenn es mir besser ginge. Doch im Moment stehe ich teilnahmslos neben John, fühle das Gewicht meines Rucksacks und werde von allen möglichen Indern angefasst und gezerrt und beschwatzt. Irgendwann reißt mir der Geduldsfaden, und ich schreie den Nächsten an, der mich zu einem Taxi drängen will. Für eine Weile haben wir Ruhe. Schließlich landen wir doch in einem Taxi, zusammengedrängt mit all unserem Gepäck. Surrendar sitzt neben dem Fahrer, er dreht sich um.

»Es gibt hier in Bombay ein Hotel der Rajpurohit-Kaste. Da kommen wir bestimmt unter«, sagt er und gibt dem Fahrer Anweisungen in Hindi. Wir fahren los durch das Lichtermeer der Stadt. Ich schaue aus dem Fenster, habe wieder Fieber – oder noch immer – und bekomme nichts richtig mit.

Das Hotel der Rajpurohits liegt in einer düsteren Umgebung. Dampf steigt aus Abflüssen am Straßenrand auf; die Häuser sind dunkel und schmutzig. Ein Tonga-Fahrer fährt vorbei und ruft uns irgendetwas zu. Ein paar Jugendliche, die in einem Häusereingang liegen, lachen laut. Dann das Hotel: Die Säulen und der Boden im Foyer sind aus weißem Marmor, rechts neben dem Eingang im Inneren des Gebäudes eine Statue Shivas und ein kleiner Brunnen. Es riecht nach Rosenwasser. Über eine Treppe mit rotem Teppich kommen wir zur Rezeption. Ein Hotelangestellter unterhält sich mit einem Araber in weißem Burnus. Der Araber zieht eine Augenbraue hoch, als wir zur Rezeption gehen. In dem großen Spiegel gegenüber dem Empfang sehe ich auch, warum: Da stehen wir vor einem Mahagonitisch, eine Versammlung von Müden, Verschwitzten, Unrasierten und Kranken, die ihre staubigen Rucksäcke mitten auf dem sauberen, roten Teppich abgesetzt haben. Noch bevor Surrendar etwas sagen kann, versichert uns der beleibte Rezeptionist, dass das Hotel vollkommen ausgebuchtsei.

»Mein Name ist Surrendar Singh Rajpurohit«, sagt Surrendar langsam, »und ich komme von den Rajpurohits aus Jodhpur in Rajasthan. Ich möchte gerne mit dem Hotelmanager sprechen.«

Der Manager sei leider unabkömmlich, erwidert sein Gegenüber, und vielleicht hätten wir ja anderswo Glück. »Bingo«, sagt Ted, »das war's dann wohl mit den Familienbanden.« Und kurz darauf stehen wir wieder auf der Straße und suchen im einsetzenden Nieselregen nach einem neuen Taxi. Ich weiß nicht, bei wie vielen Hotels wir in der Folge noch abgewiesen werden – aber es sind viele. Schließlich steht unser Taxi neben einem großen Hotel auf dem Marine Drive, der Straße, die an Bombays Bucht zum Arabischen Meer entlangführt.

Surrendar und John versuchen hier noch Zimmer zu bekommen; sie sind jetzt schon seit zwanzig Minuten fort. Der Fahrer trommelt ungeduldig mit den Fingern auf dem Lenkrad; Raja geht auf der Straße auf und ab; Ted gähnt; auch ich will nur noch ein Bett – schlafen. Endlich kommen die beiden zurück.

»Wir haben zwei Zimmer bekommen. Allerdings in einem anderen Hotel«, sagt Surrendar. »Wir mussten erst über den Hinterhof klettern.«

Wir zahlen den Fahrer aus, doch der will plötzlich mehr Geld haben.

»Wir hatten gesagt, ›um die fünfzig Rupien‹«, sagt John.

»Richtig«, antwortet der Fahrer, »um die fünfzig. Es sind jetzt aber siebzig.« John ist gereizt. Er gibt dem Fahrer fünfzig Rupien. »Du kannst sie nehmen oder nicht, das ist deine Sache«, sagt er. Wir gehen. Das Taxi fährt weiter. Wir kommen bei einer Gittertür an, und ein Hotelangestellter schließt uns von innen auf. Durch einen dunklen Korridor gelangen wir zu einem alten Fahrstuhl, der uns in den dritten Stock bringt. Als wir oben aussteigen, sehen wir Männer auf den Treppenstufen schlafen. Weitere Gittertüren folgen.

»Du hattest dich nicht versprochen, als du ›Hotel‹ sagtest, oder?«, fragt Ted Surrendar und rüttelt am Gitter, das sehr solide aussieht. Surrendar antwortet nicht. Die Zimmer jedoch, die wir dann nach einigem Warten bekommen, sind groß und sauber.

»Was könnten wir uns noch mehr wünschen als all das hier ...«, meint Ted schließlich, als wir auf dem Doppelbett liegen und der Verkehrslärm von der Straße langsam erstirbt, unterbricht sich dann aber und verlässt zügig den Raum – mit einer Rolle Toilettenpapier.

Bombay – »Gateway of India«

Bombay ist grau: der Himmel, das Wasser, die Hochhäuser auf der gegenüberliegenden Seite der Bucht. Ich stehe auf dem Balkon unseres Zimmers und schaue auf das Meer. In regelmäßigen Abständen brechen hohe Wellen über die Befestigung der Promenade und lassen weiße Gischt zurück. Von der See weht ein starker Wind. Es sind keine Fußgänger auf der Promenade, wahrscheinlich weil dort gestern drei Menschen ertrunken sind – einfach von der Brandung mitgerissen. Heute Morgen stand es in der Zeitung.

Die Verkehrsampel unten auf der Straße schaltet auf Grün. Ein paar Taxis fahren um die Ecke, vorbei an dem Obst- und Gemüseladen mit seinem geschwätzigen, lispelnden Verkäufer, bei dem ich eben ein paar Bananen erstanden habe. Ich nehme mir eine aus der Papiertüte und schaue wieder kauend auf das Meer. Bombay, der Name stammt von dem Wort »Mumbadevi« ab, der Schutzgöttin der Koli, eines Fischervolkes, das zu den frühen Siedlern Bombays gehörte. Damals, im 14. Jahrhundert, bestand die Gegend, über die sich nun die Stadt erstreckt, noch aus sieben Inseln, und die südlichste davon hatte eben jenen Namen – Mumbadevi. Erst durch Aufschütten vom Festland im 18. und 19. Jahrhundert wurde die Inselgruppe vereinigt. Bombays Geschichte war wechselhaft: Im Jahr 1348 übernahm der Sultan von Gujarat die Inseln, 1534 kamen die Portugiesen, die 1661 Mumbadevi als Mitgift für eine portugiesische Prinzessin an England abgaben; schließlich nahm das »Empire« alle Inseln in Besitz. Von den Tagen der »East India Company« an, über die Fertigstellung des Eisenbahnnetzes und die Inbetriebnahme des Suezkanals, der den Weg nach Indien für

»Gateway of India« in Bombay

Schiffe verkürzte, entwickelte sich Bombay zum wirtschaftlichen Handelszentrum Indiens. Und so kamen im Laufe der Jahrhunderte Inder aus allen Teilen des Landes nach Bombay, um dort Arbeit zu suchen, sodass die Achtmillionenstadt heute ein buntes kulturelles Durcheinander aufweist.

»Hey, Ben, lass uns zum Arzt gehen.« Ted steht plötzlich neben mir. Er sieht übernächtigt und schlecht aus. Ich nicke, denn auch ich habe noch Fieber. Es ist am späten Vormittag unseres ersten Tages in Bombay, als Ted und ich uns auf die Suche nach einem Arzt machen. Ein Kellner im »Ambassador Hotel« empfiehlt uns schließlich »Dr. Dave«, dessen Praxis nur ein paar Blocks entfernt sein soll. Es fängt an zu nieseln, und wir gehen durch schmutzige Seitenstraßen, vorbei an Häusern, deren Fassaden über die Jahre von Wind und Regen zerfressen sind. Ein Schild führt uns endlich auf einen Hinterhof: »Dr. Dave's Clinic«.

»Sieht mehr aus wie 'ne Garage«, meint Ted, als wir durch die

Tür mit der großen Milchglasscheibe eintreten. Drinnen, im kleinen Wartezimmer, sitzt ein Inder. Mit stoischem Gesicht wartet er. Aus dem Raum nebenan, dessen Tür geschlossen ist, dringen laute Stimmen. Wir setzen uns.

An der gegenüberliegenden Wand stehen drei Kisten mit Medikamenten – scheinbar wahllos zusammengeworfen –, Einwegkanülen, Mullbinden und Milchpulver. Einige Poster hängen an der Wand, und eines zeigt eine Familie mit zwei Kindern. Darunter steht: »A small family is a happy family« – ein Versuch, gegen die hohe Geburtenrate anzugehen; kostenlose Abtreibung und Geldprämien für Sterilisation gehören dazu. Und doch scheint diese Propaganda nur in den Städten erfolgreich zu sein, meist aus Platzmangel, während auf dem Land eine große Familie mit bis zu zehn Kindern noch immer erstrebenswert ist – als Altersvorsorge. Eine halbe Stunde vergeht, ohne dass etwas passiert. Der Mann neben uns hat sich nicht ein Mal gerührt. Das Gespräch im anderen Raum ist noch immer im Gange, ab und zu hören wir ein Lachen. Ich frage den Inder, ob er mir sagen könne, was da im Raum nebenan vor sich gehe. Er schaut mich an und sagt: »Sie reden über Baumwolle, Geschäfte und Dollars.«

Als sich die Tür dann öffnet, sehen wir zwei Männer in Maßanzügen mit Krawatten. Der eine kommt strahlend auf uns zu und ignoriert den Patienten, der schon vor uns da war.

»Hallo, ich bin Dr. Dave«, sagt er und schiebt Ted und mich durch die Tür in den anschließenden Raum. »Wer seid ihr, und wo kommt ihr her?«

Wir stellen uns vor, und – »Amerika, wirklich«, unterbricht mich Dr. Dave und wendet sich an Ted. »Das ist ja interessant. Ich habe einen Bruder dort.« Und dann fängt er an, sich mit Ted über Michigan zu unterhalten, und dass man ja in Colorado so schön Ski fahren könne und New York sei überhaupt das Größte. Ich versuche ihm zu sagen, weshalb wir eigentlich gekommen sind, doch er hört mir gar nicht zu. Endlich, während einer Atempause, sagt

Ted dem Arzt, dass wir krank sind, und erklärt ihm die Symptome. Der schaut uns eine Weile überrascht an – so, als ob Krankheit etwas Ungehöriges sei. Dann muss ich mich hinlegen, und Dr. Dave drückt mir seinen Daumen in den Bauch und fragt, ob es weh tue. Als ich »nein« sage, drückt er fester – und dann tut es weh. Das Gleiche macht er mit Ted.

»Klarer Fall«, sagt er dann. »Ich schreibe euch mal zwei Medikamente auf. Das eine greift euren Magen ein bisschen an. Eine richtige kleine Atombombe. Da überlebt keine Bakterie. Das andere baut ihn dann wieder auf.« Und er zwinkert uns zu und lacht, als habe er uns eine Packung Schokoladenbonbons verschrieben.

»So, das wär's dann«, sagt er. »Jetzt muss ich leider gehen.« Er nimmt uns mit nach draußen und schließt die Tür ab.

»Machen Sie jetzt noch Patientenbesuche?«, frage ich.

»Patientenbesuche? Um Gottes willen. Ich muss mich jetzt um meine Fabrik kümmern. Baumwolle, wisst ihr?! Aber die Arbeiter sind ein faules Pack. Wenn ich nicht aufpasse, ruinieren die mich. Die Praxis hier ist mehr ein Hobby von mir. Gute Besserung! War nett, euch kennen zu lernen.« Und weg ist er. Ich schaue Ted an. Ted schaut mich an.

»Wir haben ihn noch nicht mal nach seinem Honorar gefragt«, sagt Ted.

»Vergiss es«, antworte ich, und wir gehen durch den Nieselregen zurück zum Hotel.

Neben dem grauen, eintönigen Bild der Stadt, den Krähen, die Aasgeiern gleich auf den verrottenden Abfallhaufen in den Gossen hocken, gibt es auch das bunte Bombay: die roten Doppeldeckerbusse, die mich manchmal denken lassen, ich sei in London, das Prince-of-Wales-Museum, die Universität, das Gericht und all die anderen offiziellen Gebäude mit ihrem Stilmischmasch, der von indosarazenisch bis neugotisch reicht. Die Basare und Verkaufsstände: »Hey, Sir, du wollen haben schöne Hemd?« – »Hallo,

Erfrischungsstand

Freund, hier beste Stickereien, neueste Walkmen und Stereoboxen!« Und in dunkleren Gassen: »Hier schöne Bilder von Frau, mal schauen?!« An einem Stand kaufe ich mir ein paar Hemden, als wir am Nachmittag alle zusammen durch die Stadt streifen.

»Schöne Hemd«, sagt der Verkäufer, »du nicht finden besser Arbeit in ganz Bombay. Nur siebzig Rupien.«

»Ich nehme die beiden für siebzig«, sage ich und deute auf ein anderes Hemd, das mir gefällt.

»Willst du mich ruinieren? Du reicher Mann! Ich arm.«

»Ich reicher Mann?«, frage ich und zeige das Loch in meiner Hose.

»Also gut! Du nehmen beide Hemd für achtzig.«

Ich wende mich zum Gehen, und das ist der Balanceakt. Jetzt kommt es darauf an, ob der Verkäufer ein schnelles Geschäft machen will oder nicht.

»Okay! Okay! Siebzig Rupien für beide. Du kein schlechtes Gewissen?«, hakt der Verkäufer nach. Ich schüttele den Kopf, und als ich mich zum Bezahlen vorbeuge, flüstert er: »Vielleicht noch kleine Prise Haschisch außer Hemd?« Dazu lächelt er wissend. Ich schüttele wieder den Kopf. Dann frage ich: »Du kein schlechtes Gewissen?« Und der Mann und ich lachen, und dann suche ich nach Surrendar, Ted, John und Raja, die schon vorausgegangen sind.

Am frühen Abend versuchen Ted und ich, beim »Central Telegraph Office« eine Leitung nach Übersee zu bekommen. Das Gebäude liegt an der Veer Nariman Road, die direkt auf Bombays Bucht führt, und ist ebenfalls in einem gewagten Stilgemisch gebaut. Aber dann müssen wir feststellen, dass mehrere Dutzend Inder, Amerikaner, Engländer, Araber, Japaner und Franzosen dieselbe Idee gehabt haben: Alle Telefonkabinen sind besetzt. Beamte vermitteln gelangweilt Gespräche, geben schleppend Auskünfte oder schütteln bedauernd den Kopf. »Tut mir Leid, aber wir kommen nicht durch. Die Leitungen sind überlastet.« Während Ted sich in einer der vielen Schlangen anstellt, von der er gar nicht weiß, vor welchem Schalter sie endet, warte ich unter den Säulen. Der Regen ist stärker geworden. Menschen hasten über die Straße, versuchen sich irgendwo unterzustellen. Ein Meer von schwarzen Regenschirmen wogt durch die Stadt. An der Säule gegenüber lehnt ein indisches Pärchen. Sie sind siebzehn oder achtzehn Jahre alt, tragen Jeans und Turnschuhe, küssen sich und ziehen die unwilligen Blicke vieler Inder auf sich. »Das gehört sich nicht«, scheinen die Blicke zu sagen oder »Sie ist ein loses Luder« oder »Das ist ja wie im Westen«. Sexualität ist eines der großen Tabu-Themen in Indien, und eine Frau, die auf der Straße einen Mann küsst, gerät schnell in den Ruf, leichte Beute zu sein. Ich frage mich, ob es in Indien nichts zwischen den Extremen gibt, entweder »anständig« zu sein und von den Eltern verheiratet zu werden – vielleicht ohne den Partner vorher gesehen zu haben – oder als »unanständig« zu gelten, nur weil man den anderen kennen lernen möchte. Das Mädchen schaut mich plötzlich an, dann zwinkert es mir zu – fast ein geheimes Zeichen, das nur wir beide kennen und das heißt: Du verstehst uns doch, oder?! Ich lächle zurück, gehe wieder in das Gebäude und stelle mich zu Ted in die Schlange.

Endlich haben wir das Telefongespräch angemeldet und sitzen im Wartesaal. Der Regen hat aufgehört, und die Sonne hat die dunkle Wolkendecke durchbrochen. Neben uns redet ein Italiener beruhigend auf seine Begleitung ein – eine junge Frau, die sehr blass aussieht.

»Es geht dir wohl nicht besonders gut?«, fragt Ted mitfühlend. Die Frau sagt, dass sie eine heftige Magenverstimmung habe, und schon sind wir in ein lebhaftes Gespräch verwickelt. Dies ist ein Thema, bei dem Ted und ich viel zur Diskussion beisteuern können. Zu den beiden gesellen sich zwei weitere Italiener – die vier reisen zusammen –, und während wir warten, tauschen Ted und ich mit Roberto, Elena, Giovanni und Marilena unsere Erfahrungen aus. Giovanni, der Balu, dem Bär aus Disneys »Dschungelbuch«, ähnelt und wohl ebenso gemütlich ist, erzählt, er sei jetzt zum sechsten Mal in Indien; es gefiele ihm wirklich gut. Aber als er zum ersten Mal in Indien war, vor zehn Jahren, sagt er, da sei er geschockt gewesen: Kalkutta und die Slums, die Armut und der Dreck. Ein ganzes Jahr habe er nicht über jene Reise reden wollen daheim in Bologna, aber schließlich sei er eben doch zurückgekommen, und dann noch vier weitere Male.

Plötzlich wird Teds Nummer aufgerufen. Er verschwindet in der Telefonkabine. Zwei Stunden sind vergangen, seit wir uns in die Wartehalle gesetzt haben, und in weniger als einer Minute ist Ted wieder draußen aus der Kabine.

»Die Leitung ist zusammengebrochen. Dabei hatte ich meine Familie schon dran«, schimpft er. Ein Beamter zuckt gleichmütig die Schultern: »Wir können versuchen, ein weiteres Gespräch für Sie durchzubekommen, aber das kann dauern.« Ted winkt ab.

Schließlich verabschieden wir uns von den vier Italienern und wünschen Elena gute Besserung. Sie lacht, als wir gehen. Noch wissen wir nicht, dass wir sie wiedersehen werden – im 1600 Kilometer entfernten Benares am Ganges.

Als wir das »Telegraph Office« verlassen, setzt gerade die Abenddämmerung ein, und ein paar Straßenlaternen gehen an und mit ihnen das Licht der Neonwerbungen.

Nachts, wenn sich die Dunkelheit über Bombay gelegt hat, scheint die Stadt langsamer zu atmen, in einen anderen Rhythmus zu fallen. Doch sie ruht nicht: Im Zwielicht der grellen Neonreklamen, den Scheinwerfern der vorbeifahrenden Autos und dem gedämpften Licht, das manchmal aus den Fenstern der Wohnhäuser dringt, huschen Schatten durch die Nacht. Gestalten liegen in Häusereingängen, schlafen auf den Bürgersteigen, spielen mit schmutzigen, abgegriffenen Karten, pfeifen Lieder, suchen im Abfall nach Resten. Ein Heer von Obdachlosen, Streunern und Straßenjungen hat nach Einbruch der Dunkelheit fast wie auf ein Kommando die Stadt übernommen. Dies ist ihre Zeit.

Doch wie anders ist dagegen die Atmosphäre in der Bar des »Ambassador Hotels« auf der Veer Nariman Road. Die Bar liegt im letzten Stockwerk des Aussichtsturmes. Die Tische der Gäste stehen auf einer runden Plattform, die sich langsam im Uhrzeigersinn dreht und so einen 360-Grad-Überblick über »Bombay by night« ermöglicht. Hier oben, zwanzig Meter über dem Bettler mit seinen verkrüppelten Beinen, der direkt vor dem Eingang des Luxushotels liegt und mit leiser Stimme um Bakschisch bittet, zwanzig Meter über den indischen Junkies, die amerikanischen, deutschen und japanischen Touristen den »Deal ihres Lebens« anbieten, hier oben hat alles seine Ordnung: Das Licht ist genau abgestimmt auf eine schummrig-gemütliche Atmosphäre, und im Hintergrund klingt leise Musik aus den Stereoboxen: »*What a Wonderful World...*«

Die Stimmung an unserem Tisch ist schlecht. Surrendar ist gereizt, weil Goa als nächstes Reiseziel ausscheidet – der Monsun macht das Fahren mit der Eisenbahn dort fast unmöglich. Raja ist mittlerweile auch krank geworden. Ted will so schnell wie möglich nach Kaschmir, weil in den Bergen das Klima erträglicher ist. Und meine Laune ist auch nicht besonders gut. Allein John scheint von alldem unberührt zu sein: Er isst und trinkt wie ein Weltmeister.

Schließlich trennen wir uns. Jeder geht seiner Wege. Ich bleibe bei meinem Gang durch die nächtliche Stadt in einem kleinen Café hängen. Es liegt im Händlerviertel nahe dem *Gateway of India*, jenem hohen steinernen Bogen an der östlichen Meerseite Bombays, der zur Erinnerung an den Besuch von König George und Königin Mary im Jahr 1911 errichtet worden ist. Langsam nippe ich an meinem Tee; durch die schmuddelige Fensterscheibe sehe ich auf die Straße. Ein paar Autos biegen um die Ecke, und ein kleiner, dürrer Händler schiebt seinen alten Verkaufskarren vorbei. »Kulfi« steht in handgemalten Buchstaben auf dem Karren und darunter »Ice Cream«. Nachdem ich ausgetrunken habe, bezahle ich und gehe zum *Gateway*. Ich setze mich auf die Steinmauer in der Nähe des Wassers. Unterhalb des Monuments steht ein Feuerschlucker und unterhält eine bunte Menge von Bettlern, Streunern, kleinen Händlern und Touristen. Gegen Mitternacht werde ich müde, und ich gehe zu dem alten Händler, der mit krächzender Stimme die Waren in seinem Bauchladen anpreist, und kaufe mir eine Tüte Popcorn für den Rückweg.

Eine große Welle schwappt über die Bordwand. Die dicke Frau auf der rechten Seite des kleinen Schiffes zetert und rückt ihren nassen Sari zurecht, ihr Mann versucht, sie zu beruhigen. Ich kann mir ein Grinsen nicht verkneifen, und der Kutter bewegt sich weiter stampfend durch die See. Es ist um die Mittagszeit. Wir sind auf dem Weg zur Insel Elephanta, die etwa anderthalb Stunden vor der Küste Bombays liegt.

Am Vormittag haben wir Platzkarten für den Abendzug nach Benares besorgt. Nachdem wir alle uns geeinigt haben, Goa als Reiseziel fallen zu lassen, wollen wir morgen Nacht in Richtung Nordosten zum Ganges aufbrechen. Während Surrendar, Raja und ich zum Victoria-Bahnhof gingen, ist John mit Ted ins »Bombay Hospital« gefahren, um ihn noch einmal untersuchen zu lassen. Die Diagnose war nicht ermutigend – Amöbenruhr. Der Arzt meinte, dass zum Kurieren der Krankheit viel Ruhe nötig sei. Ganz entgegen unserer Art zu reisen: lange Aufenthalte in schaukelnden, stickigen Zügen und oft unzureichende oder wenig ausgewogene Ernährung. Im Moment sieht Ted grün und gelb im Gesicht aus, denn der Seegang ist stark und der Kutter tanzt auf den Wellen. Ein neuer Brecher geht über die Bordwand, und die indische Lady ist nun vollkommen nass. Ihr roter Sari klebt wie eine zweite Haut an ihrem gewichtigen Körper, ihre aufgetürmten Haare tropfen ihr platt ins Gesicht, und für einen Augenblick vergisst sie, dass sie eine Dame ist, und wird sehr laut. Seit einer Stunde sind wir jetzt schon dem Auf und Ab der See ausgesetzt – aber bisher geht es mir noch gut. Ich schaue auf die Uhr und merke, dass es Zeit für eine von Dr. Daves Pillen ist. Sie haben sich bis jetzt als recht brauchbar erwiesen.

Der Kutter tuckert mühsam vorbei an Supertankern, riesigen Frachtschiffen und alten Wracks, die schon seit Jahren dort im Wasser liegen und langsam vom Rost zerfressen werden. Mit jeder Welle, die über die Bordwand bricht, drängen sich die Passagiere auf den orangefarbenen Plastiksesseln näher zur Mitte des Schiffes hin. Die staatlich engagierte Leiterin dieser Tour ist eine junge Frau in einem einfachen gelben Sari. Sie schaut nicht sehr glücklich vor sich hin, weil sich einige Inder schon lautstark beschwert haben mit affektiertem, englischem Akzent – als ob die Frau etwas für die raue See könne. Als eine neue Welle mich nass auf meinem Plastiksitz zurücklässt, lache ich ihr zu, und sie lächelt zurück.

Elephanta ist grün, und so weit das Auge reicht: Palmen, Gebüsche, Sträucher.

»Die Insel hat ihren Namen von den Portugiesen bekommen«, erklärt die Fremdenführerin, als wir vom Kutter in ein wackliges Boot umsteigen und die dicke Inderin mit der platten Wasserfrisur dabei fast ins Meer fällt, weil sie ihr Gleichgewicht nicht halten kann.

»Früher hieß sie Gharapuri, aber die Portugiesen meinten, Elephanta sei treffender – wegen des riesigen, behauenen Felsens, der Ähnlichkeit mit einem Elefanten hatte.« Zwei Inder mit mageren Armen rudern die Gesellschaft an den Landungssteg. Wir steigen aus, und ich bin jetzt doch froh, wieder festen Boden unter den Füßen zu haben. Ted auch: Er sieht wirklich elend aus.

Über eine lange Steintreppe erreichen wir die Tempelhöhlen, und unsere Führerin erklärt detailliert die Bildhauerarbeiten. Als wir zu der dreiteiligen Statue Shivas kommen, die die Hauptaspekte des Gottes darstellt – Shiva als Schöpfer, Bewahrer und Zerstörer –, kann auch ich mich nicht mehr dem Eindruck dieser über 1 200 Jahre alten Skulpturen entziehen. Selbst die dicke, nasse Inderin hat für eine Weile ihr Nörgeln aufgegeben und steht einfach da und schaut. Ich muss an die Ignoranz der portugiesischen Missionare denken, die, als sie hier landeten, zu den Kanonieren der Schiffe gesagt haben sollen: »Seht ihr die Tempel dort auf der Insel? Wären das nicht gute Ziele zum Einschießen der Kanonen?« Und die Kanoniere schossen. Ihre Kugeln zerstörten viele Tempel, doch die Höhlen blieben weitgehend unversehrt.

Nach einer halben Stunde geht die Führung zu Ende, und wir kaufen Kekse, Bananen und Tee bei einem nahe gelegenen Stand.

Der Angriff trifft mich völlig unvorbereitet: Gerade als ich mit der offenen Kekspackung und der Tasse Tee auf die Bank zugehe, auf der Ted sitzt, springt mir etwas kreischend auf den Rücken. Ich lasse das Glas fallen, der heiße Tee läuft mir das Bein hinunter und

Mann und Frau bei der Bearbeitung eines Holzstammes (auf Elephanta)

ich versuche das haarige Etwas von mir abzuschütteln. Mit Erfolg. Doch schon springt mich der Affe wieder an. Noch bevor ich reagieren kann, reißt mir jemand die Kekse aus der Hand und schleudert sie dem Tier entgegen. Der Affe lässt von mir ab, greift nach der Packung, verliert dabei die Hälfte des Inhalts und schwingt sich auf den nächsten Baum, wo er in aller Ruhe an den restlichen Keksen knabbert. Als ich mich wieder gefangen habe, merke ich, dass es eine alte Frau war, die mir geholfen hat. Sie sieht mich fragend an; ich sage ihr, dass ich in Ordnung sei, und merke gleichzeitig, dass sie mich nicht versteht. Da zieht sie den Ärmel ihres Saris hoch bis zum Oberarm, zeigt mir eine lange, weißliche Narbe und deutet auf die Affen in den Baumkronen. Als sie geht, murmelt sie noch etwas. Ich weiß nicht, was sie gesagt hat, doch bin ich froh, dass sie so schnell reagiert hat. Aber auf Kekse und Tee habe ich jetzt keinen Appetit mehr.

Auf der Rückfahrt, die ebenso bewegt verläuft wie unsere Hinfahrt am Mittag, komme ich mit der Fremdenführerin ins Gespräch. Sie hat Architektur studiert, sagt die Frau, und dass sie die Höhlen sehr gern mag. Und natürlich will sie wissen, woher ich komme. Wir unterhalten uns über Indien und Deutschland, dann schwappt eine Welle über Bord, und meine Kleider, die schon fast trocken waren, sind wieder klitschnass.

Plötzlich habe ich das Gefühl, dass noch jemand im Raum ist. Ich öffne die Augen, richte mich schnell auf, drehe mich zur Tür hin – und stoße mir den Kopf an der Dachschräge. Die Frau, die jetzt schon mitten im Zimmer steht, ist um die vierzig und hat einen Regenschirm in der Hand.

»Was zum Teufel...«, murmele ich und reibe mir den Kopf. »Sechs Uhr zwanzig« blinkt die Digitaluhr an Teds Handgelenk. Es ist am Morgen unseres dritten und letzten Tages in Bombay, und ich habe nicht die geringste Ahnung, wer die Frau mit dem Regenschirm ist. Vorsichtig stupse ich Ted an.

»Da ist 'ne Frau in unserem Zimmer«, flüstere ich. Verschlafen hebt Ted den Kopf.

»Sie sind also die neuen Gäste«, sagt die Frau. »Ich bin die Besitzerin des Hotels. Haben Sie immer Ihren Tee bekommen?« Ich nicke. Der kleine Hotelangestellte, der uns am ersten Abend die Zimmer zugewiesen hatte, hat uns zwei Mal am Tag mit Tee versorgt.

»Und hat er Ihnen auch Geld dafür abgenommen?« Obwohl

ich nicht ganz verstehe, warum sich diese Frau um halb sieben morgens Sorgen um unseren Tee macht, antworte ich: »Ja, eine Rupie pro Glas.« Und dann ist sie auch schon wieder aus unserem Raum verschwunden. Plötzlich hören wir Schreie. Es ist der Mann, der auf die Hotelzimmer aufpasst. Dann die Stimme der Frau: »Habe ich dir nicht gesagt, du sollst aufhören, die Gäste zu betrügen?! Der Tee ist gratis. Wenn du das noch einmal tust, schmeiße ich dich raus. Dann bist du wieder in der Gosse, wo du hingehörst.« Dumpfe Schläge folgen. Ich schaue Ted an. Doch der dreht sich auf die andere Seite und brummelt nur: »Verrücktes Land.«

Am Vormittag gehen wir auf die Straßenmärkte zum Einkaufen. Wir kämmen kleine Läden durch, in denen es überhaupt kein Ordnungsprinzip zu geben scheint – Hustensaftflaschen stehen neben alten, staubigen Lampenschirmen, Lebensmittelkonserven im Regal für Motorradersatzteile. Ted murmelt immer wieder »Verrücktes Land« und stopft Bananen, Kekse und Sodaflaschen in unseren Rucksack, auch einige Zeitungen und Magazine, denn die Fahrt nach Benares wird anderthalb Tage dauern.

In einer Menschenschlange vor einem Bankschalter treffe ich Tim. Er ist Amerikaner, groß, hat einen Vollbart und läuft mit einer dieser Piloten-Sonnenbrillen herum. Und da die Schlange lang ist, kommen wir ins Gespräch. Er erzählt mir, dass er gerade Bibeln nach China reingeschmuggelt habe und dass er mit einer religiösen Gruppe unterwegs sei – »das Wort Gottes zu verkünden«. Später am Nachmittag sehe ich Tim dann zufällig bei der Arbeit. Mit ein paar anderen Amerikanern, die alle wie Clowns geschminkt sind, führt er in der Nähe des *Gateway of India* eine Pantomime auf. Viele Inder stehen um die Jugendlichen herum. Das ist immerhin etwas Neues. Einige schauen auch ein bisschen verunsichert oder fragend. Aber spätestens, als »Clown Tim« auf dem dramatischen Höhepunkt der kleinen Veranstaltung im ame-

rikanischen *Midwestern*-Akzent herausschreit »End Dschiiieee-
ses lavs ju ol! – Und Jesus liebt euch alle!« –, da fangen einige Inder an zu lachen oder sie gehen einfach fort.

Wenige Stunden bevor unser Zug abfährt, schauen wir uns
noch das »Taj Mahal Hotel« an, nachdem wir dort einen Kaffee ge-
trunken haben. Das Luxushotel liegt gegenüber dem *Gateway*-
Monument und ist über achtzig Jahre alt. Wir gehen über einige
Treppen, und ehe wir es richtig bemerken, stehen wir mitten in
einem großen Ballsaal, in dem eine Hochzeitsparty gegeben wird:
Frauen jeden Alters in eleganten Seidensaris, behängt mit schweren Perlenketten, unterhalten sich angeregt mit schnauzbärtigen
Smokingträgern; livrierte Diener servieren Cocktails; pausbäckige
Kinder spielen Verstecken hinter den Beinen der Erwachsenen
und hinter dem kalten Buffet. Ein paar indignierte Blicke streifen
uns, doch niemand sagt etwas.

Schließlich sind wir wieder auf der Straße und suchen ein Taxi,
das uns zur »Victoria Station« bringen soll, dem Großbahnhof
Bombays. Der »Victoria Terminus« hat seit seiner Eröffnung
im Jahr 1888 mehr Ähnlichkeit mit einem riesigen Dom oder
einem Palast als mit einem Bahnhof – wegen seiner indischen,
gotischen und sarazenischen Elemente. Die Sonne geht gerade
unter, als wir am Bahnhof ankommen, den Fahrer auszahlen und
unsere Rucksäcke nehmen. Ein Heer von Trägern schleppt riesige
Koffer auf dem Rücken, eine Flotte von wild hupenden Taxifahrern kämpft um Kunden, in der riesigen Wartehalle liegen Rei-
sende auf dem Boden, bereiten sich ein schnelles Mahl auf Kochern zu oder schauen auf die Fernseher an den Säulen, die
irgendeinen Hindi-Film übertragen, in dem eine üppige Inderin
singend durch die Gegend hüpft. Ihre Stimme klingt blechern und
überlaut aus den Boxen unterhalb der Fernseher und überlagert
die kreischenden Bremsen eines eintreffenden Zuges, das Kra-
keelen der Händler und die Schreie der Kinder, die ihre Eltern
suchen oder einfach Hunger haben. Bevor ich in den Zug ein-

steige, schaue ich noch einmal zurück in die Halle. Ted folgt meinem Blick. Er will ansetzen, etwas zu sagen, doch ich unterbreche ihn: »Ich weiß, Ted – ein ›verrücktes Land‹.« Und dann steigen wir in den Zug ein.

Benares – an den Ufern des Ganges

»Warum bist du nach Indien gekommen?« Ted schaut von der Schlafpritsche des Liegewagens herunter. Ich lege die Zeitung neben mich und überlege.

»Ich denke, weil es sich so ergeben hat. Ich habe die Gelegenheit einfach wahrgenommen, denn sonst wäre ich bestimmt nicht so schnell hierher gekommen.«

Ted scheint nicht zufrieden zu sein mit meiner Antwort.

»Warum bist *du* hier«, frage ich ihn. Auch Ted antwortet nicht sofort. »Weißt du«, sagt er schließlich, »ich habe eine indische Freundin in Amerika. Und es läuft alles prima. Sie ist wirklich nett. Aber manchmal denke ich, dass alles ein bisschen zu prima läuft. Verstehst du?«

»Nein«, muss ich zugeben.

»Für ihre Eltern ist absolut klar, dass wir heiraten werden; sie haben schon mit meinen Eltern darüber gesprochen. Und dann bringen sie mir manchmal auch Geschenke mit, wenn sie uns besuchen – teure Geschenke! Das geht mir ein bisschen zu schnell. Ich bin erst zweiundzwanzig.« Ich muss an Surrendars Großmutter in Jodhpur denken, die mich ernsthaft verheiraten wollte, und ich schaue möglichst einfältig drein und sage: »Aber, Ted, das ist genau das richtige Alter!« Ted schneidet eine Grimasse.

»Aber genau deswegen bin ich hierher gekommen. Ich wollte verstehen, wie die Leute hier denken«, fährt Ted fort. »Wie es hier aussieht in einer Beziehung zwischen Mann und Frau.«

»Und?« Ich sehe Ted fragend an. Er schüttelt den Kopf. »Weißt du, je länger ich in diesem Land bin, desto weniger verstehe ich die

Menschen.« Und er legt sich wieder auf das Bett und starrt zur Decke. Ich schaue aus dem Fenster auf die grüne Landschaft, die an uns vorbeizieht, dann nehme ich mir wieder die Zeitung und lese ein bisschen.

Es ist der Geruch, der mir zuerst in Benares auffällt; dieser undefinierbare, aber lastende Geruch, der über der ganzen Stadt zu liegen scheint. Es ist sieben Uhr morgens, als wir nach 36 Stunden im Zug ankommen. Während Surrendar, John und Raja gleich die Tickets zur Weiterreise nach Delhi reservieren, setzen Ted und ich uns auf den Boden und passen auf das Gepäck auf. Ich schiebe mir meinen Hut ins Gesicht – gegen die Sonne. Der Bahnhof von Varanasi, so der ursprüngliche Name von Benares, unterscheidet sich kaum von den vielen anderen, die wir auf unserer Reise gesehen haben. Vielleicht, dass die Träger ein bisschen aufdringlicher sind und die Schlepper, die von den Hotels bezahlt werden, Touristen anzuwerben, noch mehr an den Kleidern reißen. Dann ist da noch der alte Mann, der von Jahren und Falten gezeichnet ist; der den Passagieren aus dem Zug hilft, obwohl sie keiner Hilfe bedürfen; der dann die Hand aufhält und auf ein paar Rupien hofft für seinen unnötigen Dienst. Aber sonst – das gleiche Bild wie überall. Und während ich vorgebe, vor mich hin zu dösen, merke ich, dass uns ein kleiner Mann beobachtet. Seine krummen, braunen Beine ragen aus einem schmutzig weißen *dhoti*, einem langen Baumwolltuch, das um die Hüfte gewickelt wird. Ab und zu wischt er die Hände an seinem löchrigen Unterhemd ab. Dann fasst er sich ein Herz und kommt auf uns zu.

»Du brauchen Riksha-Fahrer?«, fragt er. Ted schaut auf und lächelt. »Wie viel willst du haben für den Weg zum ›Hotel India‹?«, will Ted wissen.

»Zehn Rupien«, sagt der Inder nach einigem Überlegen. Und ich wundere mich, dass es so wenig ist, denn das Hotel liegt nicht in der Nähe. Wir stehen auf, nehmen das gesamte Gepäck mit und

Straßenszene in Benares

folgen dem Mann. Er bleibt vor einer einfachen Rikscha vor dem Bahnhof stehen.

»Ben, der Mann will sich selbst vor die Rikscha spannen«, sagt Ted. Ich nicke und erkläre dem schmächtigen Inder, dass wir fünf Personen seien, mit viel Gepäck, und dass er das alles unmöglich ziehen könne. Doch der Mann beharrt: »Ich stark.« Ich schaue ihn mir an, sehe seine dünnen Arme und seine schmale Brust. Ted schüttelt den Kopf. Dann kommen Surrendar, Raja und John, und wir alle werden sofort von Scooter-Fahrern umringt, die den kleinen Rikscha-Fahrer wegschubsen. Der versucht sich wieder dazwischenzudrängeln, und ich höre sein bittendes »Ich stark, ich wirklich stark« – bis es irgendwann schwächer wird und schließlich ganz aufhört. Als wir uns endlich für zwei Scooter entscheiden, wegen der Menge unseres Gepäcks, und ich zusammengedrängt neben den anderen auf der Rückbank sitze, schaue ich mich noch einmal nach dem Mann um. Neben den Elendsvierteln in

Jodhpur ist es dieses Bild, das ich nie vergessen werde: Der schmächtige Mann hat sich in die Gosse gesetzt. Mit leerem, ungläubigem Gesicht starrt er uns eine Weile nach, und dann fängt er an zu weinen. Und auf seinem Gesicht mischen sich die Tränen mit dem Wasser des einsetzenden Regens.

»Bernardo«, dröhnt mir ein Bass entgegen, als wir beim »Hotel India« ankommen. Es ist Roberto, und dann sehe ich auch Elena, Giovanni und Marilena – die Italiener, die Ted und ich im Postamt in Bombay getroffen haben. Sie sitzen unter einem großen, roten Sonnenschirm auf der Terrasse. Wir trinken eine Karaffe eiskalte Limonade zusammen und unterhalten uns ausgiebig. Dann schreiben wir uns bei dem muffelig aussehenden Inder an der Rezeption in das Gästebuch ein und verbringen den Rest des Vormittags unter der Dusche und ausgestreckt auf den Betten unter den summenden Ventilatoren.

»Mist!«, ruft Ted, und wir beide hören auf zu laufen. Ich setze mich an den Straßenrand und atme langsamer wegen des Seitenstechens. Ted wischt sich den Schweiß von der Stirn. Der Bus ist fort.

»Warum muss uns das passieren?«

»Weil wir zu blöd waren aufzupassen«, sage ich.

Am Nachmittag haben wir fünf uns mit dem Bus auf den Weg nach Sarnath gemacht, das etwa zehn Kilometer nordöstlich von Varanasi liegt. Sarnath ist der Ort, den Buddhisten in aller Welt verehren, weil hier Gautama Buddha nach seiner Erleuchtung seine erste Rede gehalten haben soll. Der Bus hielt zwischendurch an einem ziemlich langweiligen Museum, und irgendwann haben Ted und ich uns abgesetzt – und prompt die Weiterfahrt verpasst. Einige hundert Meter sind wir dem Bus nachgerannt, doch es war schon zu spät.

»Und nun?«, fragt Ted.

»Sieh mal da drüben«, sage ich. »Eine Art Kirmes.« Und tatsächlich findet auf einem Feld auf der gegenüberliegenden Seite der Straße ein Fest statt: bunte Verkaufsstände, Buden mit Süßigkeiten, Ballonverkäufer, Kinder, die lachend und schreiend umherlaufen, ein paar Männer mit ihren *hookahs*, den Wasserpfeifen, und Musik – schallend und laut. Ted und ich überqueren die Straße und kaufen uns *masala dosas*, Brotfladen mit Gemüsefüllung. Ein paar Kinder folgen uns. Als wir aufgegessen haben, kaufen wir ihnen Luftballons für ein paar Rupien, und sie laufen strahlend davon.

Dann nehmen wir uns ein Rikscha-Taxi, fahren in die Altstadt von Varanasi zurück und gehen durch die engen Gassen.

»*Hey, friend!* Sucht ihr Seide?« Die Stimme kommt aus einer dunklen Seitengasse. Ted und ich drehen uns um. Der Mann, der uns angesprochen hat, zieht den Rauch einer *beedi*-Zigarette tief in sich hinein und pafft dann zwei Rauchringe heraus. »Erstklassige Ware zu einem Top-Preis!«

»Wer kann da schon widerstehen«, sagt Ted und zieht mich hinter sich her. Der Mann geht schnell, wir können kaum folgen. Die Gassen werden enger und dunkler, wir durchqueren ein paar Hinterhöfe, schließlich weiß ich nicht mehr, wo wir sind.

»Wir sind da«, sagt der Mann und bleibt vor einer schweren Holztür stehen. Wir sind in einem quadratischen Innenhof angelangt. Nur wenig Licht dringt bis zum Boden durch. In der rechten hinteren Ecke steht ein verkrüppelter Baum, und unter ihm liegt schlafend ein alter Hund. Ein Gesicht erscheint kurz hinter einem Fenster, verschwindet aber sofort wieder.

»Was ist, wollt ihr nicht eintreten?« Der Mann hat eine Tür geöffnet und schaut uns fragend an. Wir gehen in den muffigen Raum, er schließt hinter uns die Tür, und es macht *klack*. Ein Riegel, denke ich, schaue mich um. Der Mann steht lächelnd vor der Tür und ruft: »Kundschaft«. Ein Vorhang wird zur Seite geschoben, ein fetter Inder betritt den Verkaufsraum, öffnet einige Schränke und zeigt uns die Muster seiner Ware. Vor der Tür steht immer noch der andere Inder und pafft an einer neuen Zigarette.

Der Seidenhändler streicht über den glatten Stoff und sagt immer wieder: »Gute Ware, sehr gute Ware.« Wir schauen uns die Seide an, dann schüttele ich den Kopf. Auch Ted schüttelt den Kopf, und der Händler sagt: »Also gut, ihr bestimmt den Preis.«

»Nein, danke«, sagt Ted, »wir wollten nur schauen.« Wir drehen uns zum Gehen um. Der Mann vor der Tür hat sich noch keinen Zentimeter bewegt. »Ihr wolltet nur schauen? Und dafür den ganzen Aufwand?!«

Er blickt Ted an und dann mich. »*Time is money*«, sagt er und hält die Hand auf. »Vielleicht ein kleines Bakschisch für die Mühe, die ihr mir gemacht habt?!«

»Rama, lass sie gehen!« Die Stimme des Seidenhändlers ist energisch geworden. Ein paar Sekunden geschieht gar nichts. Dann öffnet der Schlepper die Tür und bläst uns einen Rauchring hinterher. »Ich hätte ihm die Zähne einschlagen können«, sagt Ted, als wir wieder in den Gassen sind. Die Sonne ist bereits untergegangen, und es ist stockdunkel.

»Sei froh, dass es keinen Ärger gegeben hat«, sage ich.

»Du hast Recht. Aber den Ärger haben wir jetzt. Oder kennst du den Weg hinaus aus diesem Labyrinth?« Ich schüttele den Kopf.

Nach einer halben Stunde haben wir es geschafft, und eine Rikscha bringt uns zurück zum Hotel. Die anderen sind noch nicht zurück von ihrer Tour. So beschließen Ted und ich, in das kleine Restaurant des Hotels zu gehen. Es ist bis auf den letzten Platz besetzt. Eine indische Familie winkt uns schließlich an ihren Tisch, und wir quetschen uns dankbar lächelnd hinzu. Der Raum ist dunkel. An den Wänden flackern ein paar Kerzen. Im Hintergrund ertönt leise Musik. Wir bestellen *chicken friend noodles* und Bier bei dem Ober, der gleichzeitig der Rezeptionist, der Manager und der Koch ist.

Als das Essen kommt, müssen wir feststellen, dass die Nudeln mit Huhn einen interessanten Nachgeschmack haben. Ted mutmaßt, dass die schummrige Beleuchtung auf das Essen zurückzuführen sei – damit man sich nicht den Kopf zerbrechen müsse, woraus es denn eigentlich bestehe. Das Bier ist ebenfalls eine Überraschung: Es handelt sich um Literflaschen, und die Marke hat den wohlklingenden Namen »Guru-Beer«.

»Die Inder überlassen nichts dem Zufall – wenn schon, denn schon«, sagt Ted, und weil wir Durst haben, trinken wir das Bier schnell.

»Noch zwei Flaschen«, sagt Ted, als der Ober wieder an unserem Tisch vorbeikommt. »Aber haben Sie ein Bier, das ein bisschen stärker ist?« Der Kellner zwinkert uns zu und nickt. In der Zwischenzeit kommen wir mit der indischen Familie an unserem Tisch ins Gespräch. Allerdings ist die Konversation ein wenig schleppend, da niemand von ihnen Englisch spricht und sich Teds und mein Hindi-Wortschatz auf die wichtigsten indischen Speisen beschränkt. Nach einer Weile schaut mich der Vater an und sagt: »Ravi Shankar«, und ich denke, dass er sich vorstellt, und sage: »Hallo, ich bin Bernhard.« Einen Augenblick lang scheint der Inder irritiert, dann wiederholt er: »Ravi Shankar«, und ich sage erneut: »Bernhard.« Der Inder macht nun einen ziemlich ungehaltenen Eindruck und sagt zum dritten Mal: »Ravi Shankar«, und dann zeigt er auf die Lautsprecher, aus denen die Musik kommt. Endlich verstehe ich: Die Musik ist von Ravi Shankar. »Ah, Ravi Shankar«, sage ich lachend. Und der Inder lacht, und seine Frau lacht, und die drei Kinder lachen, und wir alle lachen und sagen: »Ravi Shankar.« Dann kommt das Bier, und wir unterbrechen unseren Redefluss für eine Weile.

Gegen Mitternacht gehen Ted und ich zu Bett. Als ich versuche, vom Tisch aufzustehen, merke ich, dass es mir schwer fällt, mich gerade zu halten. Ich schaue auf das Etikett der Bierflaschen auf unserem Tisch und lese »Black Label, 12 % vol.« – so viel Alkoholgehalt wie eine gute Flasche Wein. Später auf unserer Reise erzählt mir Ted, ich hätte anschließend versucht, den Kellner zu umarmen, und im Treppenhaus soll ich mehrmals laut »Es lebe Indien« gerufen haben. Ich jedenfalls kann mich an nichts dergleichen erinnern. Und ich glaube auch nicht, dass Ted die Wahrheit gesagt hat.

Das Piepen des Weckers reißt mich aus dem Schlaf. Erst höre ich es von ganz weit entfernt und dann immer deutlicher, bis ich endlich wach bin. Neben mir dreht sich Surrendar auf die andere Seite des Bettes. Ich schaue auf die Uhr. Vier Uhr zweiunddreißig. Himmel, habe ich einen Kater. Vorsichtig, um jede Erschütterung des Kopfes zu vermeiden, gehe ich ins Bad und lasse mir kaltes Wasser über Kopf und Arme laufen. Etwas später steht Raja hinter mir.

»Bist du so weit?«, fragt er.

»Gleich«, murmle ich, ziehe mir ein T-Shirt über und schnappe meine Fototasche und die Tüte mit der schmutzigen Wäsche, die ich beim Hotelportier abgebe. Er wird sie an einen *dhobi* weiterleiten, einen Angehörigen der Wäscherkaste. Wie kann man bloß um diese Uhrzeit schon Dienst haben, frage ich mich, als ich mich noch einmal zum Portier umschaue. Und dann sind wir schon auf der Straße und suchen nach einem Scooter, der uns zu den »Ghats«, den Treppen am Ganges, bringen soll, die den Hunderten von Pilgern frühmorgens als Badeplätze dienen. Es sind wenige Taxi-Scooter auf den Straßen, und der Fahrer, den wir endlich anhalten können, erkennt sofort seine Chance.

»Vierzig Rupien«, verlangt er. Schließlich bringt er uns zum Ufer des Flusses für 35 Rupien – immer noch zu viel.

Wir schließen uns der Prozession von Pilgern an, die auf dem Weg zu den Ghats sind. Es ist ein ruhiger Marsch. Niemand spricht. Oft sind es ganze Familien, die zusammen gehen, manchmal auch nur einzelne: alte Männer und Frauen mit gebeugten Rücken, die von ihren Söhnen und Töchtern gestützt werden; dann folgen deren Kinder und schließlich Priester, zwischendurch die ausgemergelten Körper von Wanderasketen. Sie tragen Hand-

tücher, Messinggefäße und Krüge und sie gehen langsam weiter –
den breiten Treppenstufen und den grauen Wassern des heiligen
Flusses entgegen. Manche von den Alten werden diesen Ort nie
wieder verlassen, denn sie sind nach Varanasi gekommen, um hier
zu sterben. Seit frühester Zeit strömen Pilger an den Ganges, um
in seinen Fluten ihre uralten Reinigungsrituale zu vollziehen. Von
Varanasi selbst wird gesagt, es sei etwa dreitausend Jahre alt.

Das Dasashwamedh-Ghat, das beim Tempel der Sitlawai, der
Göttin der schwarzen Pocken, liegt, gehört zu den belebtesten
Ghats. Dort mieten wir ein Ruderboot mit einem wortkargen
Steuermann. Dann treiben wir flussabwärts in angemessener Entfernung zu den Pilgern und lassen das Ghat hinter uns mit seinen
traditionellen Schirmen, die dort wie Pilze aus dem Boden schießen und unter denen die *pandas*, die Priester, zelebrieren und Segnungen verteilen. Und dann die große Enttäuschung: Kein mysti-
scher Sonnenaufgang an den Ufern des Ganges, sondern es wird
einfach hell. Eine graue Wolkenwand verhüllt nämlich die aufge-
hende Sonne. Doch als ich wieder zum Ufer schaue, höre ich auf,
mit meinem Schicksal zu hadern, weil ich merke, dass nicht allein
der Sonnenaufgang zählt, sondern vielmehr die Szenerie an den
Treppen: Da ist der alte Mann mit der kleinen Nickelbrille, der, nur
mit einem Lendenschurz bekleidet, im Wasser steht, die Augen geschlossen hat und inbrünstig die Lippen bewegt. Raum und Zeit
scheint er völlig vergessen zu haben. Und neben ihm, etwas weiter im Fluss, taucht eine Inderin in einem gelben Sari im Wasser
unter und wieder auf und wiederholt dies noch zwei Mal. Und die
breiten Treppenstufen, die in den Fluss führen, sind voll von Menschen, die Blumenopfer und Schiffchen mit Kerzen den Wellen des
Ganges übergeben; von Betenden und von *sadhus*, die im Lotussitz meditieren. Wir treiben vorbei an weiteren Ghats und an den
Palästen, die einst Residenzen von Maharadschas und Maharanis
waren und heutzutage meist als Pilgerheime dienen; einige sind so
schwer und überladen, dass Teile von ihnen längst in den Fluss

An den Ufern des Ganges

abgesunken sind. Als wir an die Waschplätze kommen, wo die *dhobis* im Wasser stehen und die nassen Kleidungsstücke auf Waschbretter schlagen, da drehen wir um und rudern wieder flussaufwärts. Obwohl es ein geschäftiges Treiben ist, das da an den Ghats vor sich geht, meine ich zum zweiten Mal – neben dem Shiva-Tempel in Jodhpur – einen Ort gefunden zu haben, der eine innere Ruhe ausstrahlt. Bis die Touristen kommen.

Sie kommen mit einem großen Ruderboot, und es mögen wohl an die zwanzig sein, die mit Fotoapparaten aller Größen bis an die Zähne bewaffnet sind. Zum Greifen nahe fahren sie an die Pilger im Fluss heran.

»Hey, Jürgen, noch ein bisschen näher an den Typen da mit den Kerzen. Ja, so ist's gut. Hab' ihn genau im Bild.«

Aber es sind nicht nur Deutsche. Es sind auch Engländer und Amerikaner und Japaner, und weiß der Himmel, aus welchen Ländern sie alle kommen. Und unser Steuermann bemüht sich, so schnell wie möglich weiterzurudern. Schließlich setzt er uns am Jalsain-Ghat ab. Es ist der Ort, an dem zu jeder Tages- und Nachtzeit Leichenverbrennungen stattfinden. »*No pictures, please*«, bittet uns der Bootsbesitzer, bevor er sich wieder vom Ufer abstößt und davonpaddelt, und ich stecke meinen Fotoapparat in die Tasche. Wir steigen die Treppen empor und sehen auf die Scheiterhaufen hinab, die etwas weiter unten errichtet sind; zwei von ihnen brennen schon.

Ein süßlicher Geruch hängt schwer in der Luft, während helle Flammen die mit Tüchern bedeckten Leichname verzehren und sie so nach dem Glauben der Hindus der Erlösung näher bringen. Je-

Ein dhobi – *ein Angehöriger der Wäscherkaste – bei der Arbeit*

Lebhaftes Treiben auf den »Ghats«, den Treppen, die zum heiligen Fluß hinunterführen

doch werden nicht alle Inder in Varanasi verbrannt. Die Körper der Armen oder derjenigen, die einer Seuche erlegen sind, werden ohne Verbrennung in die Fluten geworfen. Ich sehe noch einmal hinunter zum Ufer. Ein paar Männer streuen die Asche eines Toten in den Fluss, und für eine Weile schwimmt sie mit der Strömung, bevor sie sich mit dem Grau des Wassers vereinigt.

Am Abend verabschieden wir uns von den Italienern, bezahlen die Hotelrechnung und machen uns auf den Weg zum Bahnhof. Ich habe mir eines der frisch gewaschenen Hemden angezogen, die mir der Portier am Nachmittag übergeben hat – ordentlich zusammengefaltet. Sie sind wirklich sehr sauber geworden. Doch jucken sie beim Tragen ein wenig.

Und der Juckreiz hält auch noch an, als wir schon längst im Nachtzug nach Neu-Delhi sitzen und Jooker spielen, ein amerikanisches Kartenspiel, das dem Doppelkopf recht ähnlich ist. Während die Inder gegenüber interessiert zusehen, wie Ted die Karten austeilt und kleine Papierschnitzel mit aufgemalten Dollarzeichen die Besitzer wechseln, da denke ich an die *dhobis* am Ganges und wie einer von ihnen mein Hemd in der grauen Brühe wäscht, in der nicht nur die Asche von Leichen schwimmt. Und dann muss ich mich wieder am Arm kratzen.

Große und kleine Gauner

»Nirula's«, das kleine Restaurant am Connaught Place, im Herzen von Neu-Delhi, ist Anlaufplatz für Leute verschiedenster Art. Da sind zum einen junge Inder und Inderinnen, die bemüht sind, die westliche Lebensweise nachzuahmen: die Männer durch Jeans, Turnschuhe und Zigaretten, die Frauen durch kurze Röcke und Make-up. Ihre geschminkten Lippen bewegen sich, formen Worte, reden, machen Komplimente, beschweren sich über die Hitze und den Vorgesetzten in der Firma, nippen an Gläsern mit kaltem Orangensaft und lassen rote Spuren am Rand zurück. Armreifen klirren an schlanken braunen Armen, wenn sie sich bewegen und die Hände die Worte mit Gesten unterlegen. Gerade in diesem Moment hat der Mann am Nebentisch seine Zigarette ausgedrückt und gibt seiner Begleitung einen flüchtigen Kuss auf die Wange, als sie das Restaurant verlassen.

Und dann kommt noch ein zweiter Menschenschlag zu »Nirula's«. Es sind die Globetrotter, die in Delhi einen Zwischenstopp machen, bevor sie sich zu irgendeinem anderen exotischen Ziel aufmachen. Die junge Engländerin am Tisch gegenüber gehört dazu. Ihr abgenutzter Gestellrucksack lehnt an der Wand, und die Frau hat eine Auseinandersetzung mit dem indischen Kellner.

»Ich verstehe wirklich nicht, warum Sie diesen Fünfzigrupienschein nicht akzeptieren«, sagt sie, und der Ober erklärt ihr nun schon zum zweiten Mal mit ruhiger Stimme, dass die Banknote zerrissen sei. Denn zerfleddertes oder schmutziges Papiergeld wird von vielen Indern nicht mehr angenommen, weil sie fürchten, es selbst nicht wieder in Umlauf bringen zu können. In manchen Lokalen hängen sogar diesbezüglich Hinweisschilder. Bei »Nirula's« hängt ein solches Schild gleich am Eingang, und der Inder verweist darauf. Die Engländerin kontert mit einem schwachen »Aber mir hat doch auch jemand den Schein gegeben«, doch der Kellner zuckt die Schultern.

Schließlich finden sich noch die bei »Nirula's« ein, die aus irgendwelchen Gründen nicht oder nicht mehr mit der indischen Küche zurechtkommen, denn die Speisekarte führt vor allen anderen Gerichten europäische und amerikanische Snacks auf. Da es uns allen an diesem Morgen nach der langen Fahrt von Varanasi und dem Essen im Zug nicht besonders gut geht, entscheiden wir uns für ein *continental breakfast* mit Rühreiern, Toast und Marmelade und Tee. Draußen auf der Straße ziehen ein paar Händler vorbei. Ein kleiner Junge mit einer Kiste voll Schuhcreme und Bürsten bleibt einen Moment vor dem Fenster stehen und schaut ins Innere des Restaurants. Dann wischt er sich den Schweiß von der Stirn und geht weiter.

Es verspricht ein heißer Tag zu werden. Doch die Klimaanlage im Restaurant leistet ganze Arbeit: Das Rührei ist schon kalt, bevor es in meinem Mund ist.

Später geben wir unsere Rucksäcke am Bahnhof zur Aufbewahrung und lassen uns mit einer Motorradriksch zum Zoo fahren. Wir haben noch Tickets für den Nachtzug nach Jammu in Kaschmir bekommen und wollen die Zeit bis dahin totschlagen. Unser Fahrer ist ein graubärtiger Sikh, ein Anhänger jener militanten Religionsgemeinschaft, die verstärkt im Punjab vorkommt und die mit ihrer Separatistenbewegung der Zentralregierung in Delhi allerhand Sorgen macht. Der Vormittagsverkehr auf den Straßen ist dicht, und unser Fahrer schlängelt sich mit seinem Gefährt auf eine Weise an den Autos und Rikschas vorbei, dass es mir den ohnehin schon überempfindlichen Magen umdreht. Am Ende der Kasturba Gandhi Marg, der südöstlichen Ausfallstraße vom Connaught Place, erreichen wir den *India Gate*, den Triumphbo-

Ein bisschen scheu blickt dieses kleine Mädchen in die Kamera des Fremden

gen, der an die 90 000 indischen Soldaten erinnert, die im Ersten Weltkrieg gefallen sind.

Von dort biegt der Fahrer auf die Rajpath Avenue ab, die im Regierungs- und Verwaltungsbezirk der Stadt liegt und von großen Rasenflächen und kleinen Teichen umrahmt ist. Neu-Delhi ist auf dem Reißbrett entstanden. Es war ein englischer Architekt, der die Stadt geplant und nach zwanzig Jahren im Jahr 1932 fertig gestellt hat: Sir Edwyn Lutyens. Kennzeichnend für diesen jüngsten Teil Delhis sind gerade, abgezirkelte Straßen, die in kreisförmige

Plätze münden, Grünanlagen und Gebäude im Neorenaissancestil. Dann fahren wir an dem Gebäude einer großen indischen Zeitung vorbei, und an der Frontseite können wir die neuesten Nachrichten lesen, die auf einer computergesteuerten Anzeigetafel vorbeilaufen: »…Unruhen im Punjab … Zug-Attentat fordert mehrere Todesopfer…« Ted schaut Surrendar an und dann mich, und für einen Augenblick sagen wir nichts, denn unsere Zugroute führt direkt durch dieses Gebiet.

Der Zoo von Delhi mag zwar einer der größten ganz Asiens sein, doch ist er in einem bedauernswerten Zustand. Tiergerüche und der Gestank von fauligem Wasser hängen in der Luft. Ein paar Tiger liegen lethargisch im Schatten; ihr Atem geht stoßweise in der brütenden Hitze; und den Bären, Löwen und Hirschen und all den übrigen Tieren geht es nicht anders. Und wirklich scheint das einzige bisschen Leben im Zoo von den Kindern der indischen Familien zu kommen: Sie tollen trotz der Hitze umher, fragen ihre Väter über die Tiere aus. Die jüngeren unter ihnen staunen mit großen Augen, wenn sie die riesigen Raubtiere sehen, und ein kleiner Junge, der nicht weit entfernt steht, hält sich zaghaft am Sarizipfel seiner Mutter fest. Ted und John schießen wie wild mit dem Fotoapparat Aufnahmen, und ich frage mich, wer wohl daheim in Amerika an schlafenden Tigern und Löwen Interesse haben mag.

Nach dem Zoobesuch trennen wir uns. John und Ted wollen etwas zu Mittag essen; Surrendar, Raja und ich machen uns auf zum Chandni Chowk, dem Silberbasar, und verbringen den restlichen Teil des Tages durch Delhi bummelnd. Am frühen Abend treffen wir uns wieder bei »Nirula's« zum Essen. Ein paar kühle Bier heben Teds Stimmung wieder ein wenig, und er erzählt uns, dass seine Medizin aufgehört habe zu wirken und dass er die meiste Zeit des Nachmittags auf den diversen »Örtchen« der Stadt zugebracht habe.

»Noch drei Stunden bis zur Abfahrt«, sagt Surrendar nach dem

Ali säubert Ted die Ohren

Essen. »Also, was machen wir jetzt?« Raja schlägt vor, wir sollten uns ruhig noch ein bisschen ausruhen, und so gehen wir zum Connaught Place und legen uns auf die Rasenfläche des inneren Rings. Doch wir bleiben nicht lange allein. Zuerst kommen die Ballonverkäufer. Wir kaufen einen roten und einen gelben Ballon und lassen sie steigen. Irgendwann verschwinden sie hoch oben am Himmel. Dann kommen die Landkartenverkäufer. Sie setzen sich zu den Ballonverkäufern, denen es so gut bei uns gefallen hat, dass sie einfach da geblieben sind.

»Hey, du brauchen unbedingt Karte von Land«, sagt einer von ihnen zu mir. »Einzig autorisierte Karte.« Ich kaufe die Landkarte, weil sie billig ist und bunt dazu und weil der Verkäufer ein netter Kerl ist.

Auch er bleibt bei uns und setzt sich neben mich. Als ich mir die

Karte näher anschaue, frage ich ihn: »Wer hat denn die Karte autorisiert?« Da lacht er mich an und sagt: »Ich selbst!«

Als Nächster kommt Ali. Er ist dünn, und sein weißes Hemd hängt überweit an seinem Vogelscheuchenkörper. Er trägt einen roten Turban, aus dem drei lange, dünne Nadeln ragen. Ali gehört zu den *kan-saf-wallahs,* den Ohrenreinigern. Seine Geschäftstaktik ist äußerst subtil: Einer Visitenkarte gleich überreicht er uns ein kleines Büchlein, das voll des Lobes ist über diesen Ali Mohammed. Da soll ein deutscher Arzt geschrieben haben, dass »nach anfänglichem Misstrauen« Alis Ohrenkur wahre Wunder gewirkt habe, und er schließt mit den Worten: »Ich höre jetzt wirklich besser und kann Ali nur wärmstens empfehlen. Dr. Peter Frank. Bochum. West-Germany.« Und so geht es Seiten über Seiten; mal in Französisch, mal in Englisch oder Italienisch und schließlich in Japanisch. Denn ich unterstelle einfach, dass die Schriftzeichen, die ich da lese, Japanisch sind und natürlich voller Lob. Raja mutmaßt jedoch, es könne sich durchaus auch um chinesische Verwünschungsformeln handeln, nachdem einer der Patienten durch die langen Nadeln das Gehör verloren habe. So genau könne man das ja nie wissen. Ted hingegen ist sehr beeindruckt von den internationalen Empfehlungen.

»Was soll das Ohrensäubern denn kosten?«, fragt er Ali.

»Oh, wenn du zufrieden, dann ich zufrieden«, antwortet der und macht sich mit leuchtenden Augen ans Werk. Prüfend schaut er in Teds Ohren, schüttelt gewichtig den Kopf und zückt eine Nadel.

»Hey, aber ganz behutsam, ja?!« Ted scheint doch ein bisschen nervös geworden zu sein beim Anblick von Alis Handwerkszeug. Ali hält einen Moment inne.

»Du mich beleidigen?! Ich an Universität von Varanasi studiert.« Ted gibt kleinlaut bei. Dann verschwindet ein großer Teil der Nadel in seinem Ohr, und ich flüstere Surrendar zu: »Kannst du dir vorstellen, dass die Uni von Varanasi eine Fakultät für Ohrensäubern hat?« Doch Surrendar schaut nur gebannt auf die Nadel. Mittlerweile ist es richtig voll geworden um uns herum. Zwei indische Schuhputzer haben John in ein Verkaufsgespräch verwickelt, in dem sie ihm die Vorteile von schwarzer Schuhcreme, der einzigen, die sie haben, auf braunen Schuhen, den einzigen, die John hat, klar zu machen versuchen. Raja feilscht mit ein paar Süßigkeitenhändlern, und Surrendar und ich schauen noch immer Ali bei der Arbeit zu. Als er endlich fertig ist, strahlt Ted im wahrsten Sinne über beide Ohren und sagt, er könne wirklich besser hören und das sei ja ganz fantastisch. Ali setzt sich zufrieden neben ihn und stellt uns noch einen Freund vor, der die ganze Zeit hinter ihm gestanden hat.

»Er Masseur und Chiropraktiker«, sagt Ali bedeutungsvoll. Der Masseur, der gerade sein Stichwort bekommen hat, wird nun ganz lebendig und fängt an, Ted zu massieren.

»Junge, du aber verspannt«, sagt er nach einer Weile. Ted räkelt sich behaglich und fragt dann: »Was soll die Massage kosten?« Der andere entgegnet: »Oh, wenn du zufrieden, dann ich zufrieden.« Und während er weiter massiert, meine ich, diese Worte vor gar nicht allzu langer Zeit schon einmal gehört zu haben. Der Inder massiert Teds Rücken und die Schultern und dann die Arme und den Nacken, und plötzlich ist er bei den Ohren und reißt sie mit einem Ruck auseinander. Wir alle sind ziemlich erschrocken. Es ist überdies das erste Mal, dass ich Ohren knacken gehört habe, und in wenigen Sekunden färben sie sich knallrot. Für einen Außenstehenden sieht es recht lustig aus, weil Teds Ohren schon vorher ein bisschen abgestanden haben – und nun auch noch die Färbung! Doch Ted hat keinen Sinn für solche ästhetischen Betrachtungen und springt fluchend auf.

»Du nicht zufrieden mit Massage?«, fragt der Inder freundlich.

»Doch ganz prima«, antwortet Ted. »Nur der Trick mit den Ohren war nicht so toll!« Schließlich setzt er sich wieder, und der Inder setzt sich daneben. Wir hocken dann alle noch eine Weile zusammen, bis die Abenddämmerung hereinbricht. Als wir gehen wollen, hält uns Ali auf und wendet sich an Ted: »Schon so schnell vergessen kleinen Dienst von Freund? Nicht selbst gesagt, du jetzt wieder besser hören?« Und er hält die Hand auf.

»Und hast du nicht gesagt, dass du zufrieden seist, wenn ich zufrieden bin?! Nun, ich bin zufrieden«, antwortet Ted und wendet sich zum Gehen.

»Zufriedenheit schön! Aber das nicht reichen zum Leben«, entgegnet Ali praktisch, und Ted drückt ihm zehn Rupien in die Hand.

»Du mich beleidigen?! Ich Künstler! Schwierige Aufgabe, Ohren säubern wie deine.« Ted gibt ihm noch fünf weitere Rupien, und Ali schaut ein wenig beleidigt, steckt dann aber das Geld schnell weg und sagt: »Nun gut, ich damit zufrieden, weil du Freund von mir.« Während wir den Connaught Place hinter uns lassen und die Janpath hinabgehen, die Straße, die nach Süden zum Windsor Place führt, schweigt Ted, nur gelegentlich reibt er sich die Ohren.

Ein oder zwei Straßen vor der Tolstoy Marg biegen wir in eine Seitengasse ab und sind mitten auf einem Kleiderbasar. Die Händler haben gegen die einsetzende Dunkelheit ein paar Lampen angemacht und feilschen mit ihren Kunden um jede Rupie. Einige Touristen stehen an einem Stand und prüfen kritisch die Qualität eines Hemdes, indem sie an den Nähten reißen. Der Händler zetert und schreit. Etwas weiter hinten auf dem Kleidermarkt hören wir einen merkwürdigen Gesang. Da stehen vier Männer mitten auf einem Tisch, der voll ist von T-Shirts, Hemden, Hosen und Westen, und sie singen und schreien im Chor. Jeder von ihnen hat einen ganz bestimmten Text, den Surrendar uns übersetzt. Der kleine Inder mit den kurzen Hosen und den wedelnden Armen singt in einem fort: »Kauft schnell, kauft schnell«; und der baumlange Sikh mit dem roten Turban schreit: »Billig, billig, billig«; der Mann ganz rechts mit der langen Nase ruft: »Hemden und Hosen, Hemden…«; und der vierte, der vor Heiserkeit kaum noch einen

Ton herausbringt, kräht: »Nur noch heute, nur noch heute…«
Und je länger sie singen, desto mehr scheinen sie in eine Art
Trance zu versinken, die sich auf die Kunden überträgt. Die Menschen unten am Stand raffen und wühlen und kaufen, was das
Zeug hält.

Für die Fahrt zum Bahnhof in Alt-Delhi haben wir uns zwei Autorikschas gemietet, und die Fahrer sind so vom Ehrgeiz gepackt,
dass sie ein Wettrennen veranstalten. Die Straßen im alten Teil von
Delhi sind zu dieser Uhrzeit voll von Verkehr, von anderen Taxis,
Schubkarren, Fußgängern und Mopeds. Schließlich bleiben wir im
Stau stecken. Doch unser Fahrer, der Angst hat, das sportliche
Rennen mit seinem Kollegen zu verlieren, wechselt einfach die
Straßenseite und fährt als Geisterfahrer weiter. Oft nur um Haaresbreite weicht er dem entgegenkommenden Verkehr aus. Als wir
am Bahnhof ankommen, schnauzt Ted den Fahrer an, was er sich
denn gedacht habe und ob er uns alle umbringen wollte. Der jedoch zuckt lediglich die Schultern, nimmt seinen Fahrpreis entgegen und dann das Wettgeld von seinem Kollegen. Wir hatten den
Bahnhof zuerst erreicht. Von der Gepäckaufbewahrung holen wir
unsere Rucksäcke ab und gehen zu dem Bahnsteig, auf dem unser
Zug nach Kaschmir bereits wartet.

»Wir haben kein Abteil mehr für uns alle zusammen bekommen«, sagt Surrendar am Bahnsteig. »Einer von uns muss in
einem anderen Waggon schlafen, und es gibt keine Klimaanlage in
dem Abteil.«

»Lass uns Streichhölzer ziehen«, schlägt John vor. Er holt eine
Streichholzschachtel aus seiner Jackentasche, bricht eines der
Hölzchen ab und wir ziehen. Ich verliere und mache mich auf die
Suche nach meinem Abteil.

»Bis morgen früh in Jammu«, ruft Ted noch hinter mir her. Ich
gehe den alten Zug entlang und schaue auf die Zettel, die an die
Waggons geheftet sind, mit den Namen für die reservierten Ab-

teile. Fast am Ende des Zuges entdecke ich meine Reservierung und steige in den Wagen ein, doch als ich in das Abteil eintreten will, versperrt mir ein stämmiger Inder den Weg, eine Zigarette in seinem Mundwinkel und die Hände in die Hüften gestützt.

»Voll«, sagt er und rührt sich nicht vom Fleck. Ich schüttele den Kopf und sage ihm, dass meine Reservierung draußen am Wagen bestätigt sei, aber er wiederholt nur: »Voll!« Okay, denke ich, wo ist der Kontrolleur? Er kommt nach wenigen Minuten, regelt die Angelegenheit, und dann bin ich im Abteil zusammen mit dem Mann mit der Zigarette und zwei anderen Indern, die mich unfreundlich ansehen. Die beiden sitzen auf der Bank, eine Flasche Bier steht zwischen ihnen. Der rechte hat kein Hemd an, und ich sehe die Tätowierungen auf seinem Oberkörper.

»*Hi*«, sage ich und hebe meinen Rucksack auf das obere Klappbett auf der linken Seite des Abteils. Keine Antwort. Auch gut, denke ich und lehne mich zum Fenster hinaus, um einen Verkäufer heranzurufen, von dem ich zwei Sodaflaschen erstehe. Als ich mich wieder dem Abteil zuwende, merke ich, dass mich die drei noch immer anstarren. Der Inder, der mich an der Tür abgefangen hat, hat mittlerweile seine Zigarette auf dem Boden ausgetreten und bläst den Rest des blauen Rauches in den Raum; der Tätowierte nimmt einen Schluck aus der Flasche; und der dritte beißt geräuschvoll in einen Apfel. Auf einmal wird mir recht ungemütlich bei dem Gedanken, mit diesen drei Gesellen die Nacht in einem Abteil verbringen zu müssen. Egal, denke ich dann, es wird schon irgendwie gehen. Als ich gerade zu meinem Klappbett hinaufklettern will, kommt ein indischer Offizier in unser Abteil und schnauzt die drei Männer an, zeigt auf mich und droht ihnen mit dem Finger. Ich verstehe nichts, denn er spricht Hindi.

»Was ist hier überhaupt los?«, will ich wissen, doch der Soldat ist schon wieder verschwunden, und die drei Inder machen sich bettfertig. So klettere auch ich auf mein Bett und schiebe mir den Rucksack unter den Kopf. Ab und zu werfen die Inder einen Blick zu mir herauf und reden dann in Hindi. Plötzlich schiebt einer von ihnen den Riegel vor die Abteiltür. Meine Gedanken fangen an, sich zu überschlagen: Was, wenn das nun wirklich Gauner sind? Wenn die Tür verriegelt bleibt, habe ich keine guten Karten in der Nacht. Dann steht es drei zu eins. Ich rolle mich zum Bettende und entriegele die Tür wieder. Die Männer schauen mich missbilligend an. Ich lache sie an und zucke die Schulter. Doch kaum habe ich mich wieder hingelegt, da macht der Riegel *klack*, und die Tür ist wieder versperrt. In der Nacht schlafe ich schlecht. Ich muss an die Warnungen von Manor denken, dass wir uns auf manchen Strecken vor Dieben in Acht nehmen sollten. Vorsichtig schaue ich von oben über die Bettkante. Die drei Männer schlafen. Was wollte der Soldat in Delhi von ihnen, und warum hat er sie so angeschrien? Es ist stockdunkel im Abteil. Die Ventilatoren an der Decke sind außer Betrieb, und die Luft ist stickig. Ich lasse mich zurückfallen und schließe die Augen.

Als ich am nächsten Morgen wach werde, sind die drei Inder verschwunden; stattdessen sitzt ein Armeeoffizier im Abteil und blickt mich interessiert an. Ich schaue nach meinem Gepäck und sehe, dass noch alles da ist. Dann springe ich vom Bett und klappe es hoch.

»*Good morning*«, sage ich.

»*Good morning*«, wiederholt der Offizier höflich. Kurz darauf kommt ein Steward, und ich bestelle Rühreier und Tee. Als das Essen kommt, hole ich noch ein paar Kekse aus dem Rucksack. Während ich am Tee nippe und mir der Offizier einen guten Appetit wünscht und die grüne Landschaft draußen an uns vorbeizieht, muss ich über meine eigene Fantasie lächeln, die aus den drei Indern vom Vorabend plündernde Gangster gemacht hat. Aber ein bisschen merkwürdig war das Ganze schon, denke ich und beiße in den trockenen Keks.

Es ist kurz nach sieben Uhr, als wir die nächste Bahnstation erreichen. Es ist nur ein kleiner Bahnhof mit ein paar Trägern, die gelangweilt im Schatten sitzen, und zwei Händlern, die ihre Karren mit Tee, kalten Getränken, *chapatis* und Omeletts von Zugfenster zu Zugfenster schieben. Bettler sind auch da. Und Frauen mit zerrissenen Saris, schmutzig, jung und alt. Drei Mädchen kommen in den Zug, und dann bin ich wirklich überrascht, denn sie verteilen Karten, auf denen in vier Sprachen steht, dass sie arm seien, der Hilfe bedürfen, gerne Geld entgegennähmen – und das in amerikanischer, englischer, deutscher und indischer Währung. Das sind mit Abstand die professionellsten Bettler, die mir in Indien bis jetzt begegnet sind, denke ich, und ich schüttle den Kopf, als die Mädchen die Karten wieder einsammeln und die Hand nach Geld ausstrecken. Wer Geld hat, solche Karten *drucken* zu lassen, dem kann es so schlecht nicht gehen.

Dann setzt sich der Zug wieder in Bewegung, und ich blicke noch einmal kurz zum Fenster hinaus. Beinahe hätte ich es übersehen. Versteckt im Schutz einiger Büsche neben dem Bahnhof steht eine Maschinengewehrstellung. Soldaten mit roten Turbanen, derben Schlagstöcken und Karabinern stehen daneben. Ich schaue auf die Karte, die ich mir in Delhi gekauft habe. Ja, wir fahren schon seit einiger Zeit durch den Punjab. Und die Soldaten, die ich eben gesehen habe, waren Sikhs – die Anhänger jener kriegerischen Sekte, die im 15. Jahrhundert entstand und deren radikalere Anhänger heute durch Terror die Unabhängigkeit des Punjabs von Indien erzwingen wollen. Damals jedoch, vor fünfhundert Jahren, als sich der Gründer des Sikhismus, Nanak, gegen das hinduistische Kastenwesen wandte und eine Religion schuf, die Hindus und Moslems unter einem monotheistischen Glauben vereinen wollte, da waren seine Anhänger noch friedlich. Neun Gurus setzten Nanaks Lehre fort und ergänzten sie. Der vierte von ihnen, Ram Das, gründete 1547 die Stadt Amritsar und ließ den Goldenen Tempel bauen, das Heiligtum der Sikhs. Mit dem sechsten Guru, Hargobind, fingen die Sikhs an, ihren Glauben auch gewaltsam zu verteidigen – aus den friedlichen Jüngern wurde eine kämpferische Sekte. Der zehnte und letzte Guru, Gobind Singh, gab ihnen nicht nur neue Namen mit dem Zusatz »Singh« (Löwe), sondern auch fünf Auflagen mit auf den Lebensweg, die fünf »K«: So sollen Sikhs weder Kopfhaar noch Bart schneiden *(kesh)*, sie sollen einen Elfenbein- oder Holzkamm im Haar tragen *(khanga)*, am rechten Handgelenk einen stählernen Armreif *(kara)* und unter dem Gewand eine kurze Hose *(kachha)*, wie es Soldaten zu tun pflegen, sowie einen Dolch *(kirpan)*. Ihre kriegerischen Qualitäten bewiesen die Sikhs unter anderem im Kampf gegen die britische Kolonialregierung, dann im Ersten Weltkrieg auf Seiten der Engländer gegen Deutsche und Türken und in jüngster Zeit in Indien selbst. Seit einigen Jahren ist die Separatistenbewegung im Punjab, dem Bundesstaat mit den meisten Sikhs, aktiver und radikaler geworden. Seit 1982 sollen über viertausend Menschen bei Terroranschlägen der Sikhs ums Leben gekommen sein. Im Jahr 1984 erreichte die Auseinandersetzung zwischen den Sikhs und der Zentralregierung in Delhi einen blutigen Höhepunkt. Im Juni jenes Jahres stürmte die indische Armee auf Befehl der Premierministerin Indira Gandhi den Goldenen Tempel in Amritsar und tötete den Extremistenführer Sant Jarnail Singh Bhindranwale mit etwa dreihundert seiner Anhänger. Nur vier Monate später erlag die Premierministerin selbst einem Vergeltungsattentat, das zwei ihrer Sikh-Leibwächter verübten. Seitdem ist der Punjab nicht mehr zur Ruhe gekommen, und viele Inder sagen, der Punjab sei *das* »hoch explosive Pulverfass« Indiens. Die Sikhs jedoch, die ich eben gesehen habe, trugen indische Uniform, waren Angehörige der indischen Armee. Sie kämpfen gegen die Extremisten unter ihren Glaubensbrüdern – verrückte Welt! Und dann erinnere ich mich an die vielen Zug-Attentate, von denen ich in Zeitungen in Bombay und Delhi gelesen habe, und als ich merke, dass ich dabei bin, selbst mitten durch dieses Gebiet zu fahren, da macht sich ein merkwürdiges Gefühl in mir breit. Was hatte Surrendar einmal gesagt, als wir über die Sikhs sprachen? »Das sind neben den Rajputen wohl die einzigen wirklichen Männer in Indien.« Auch eine Art, das Ganze zu sehen.

Der Zug fährt weiter und lässt eine kleine Ansiedlung von Blechhütten hinter sich, deren Dächer mit großen Gesteinsbrocken beschwert sind. Davor spielen ein paar Kinder im Schlamm. Zwei Rinder ziehen einen Karren, und in der Ferne sehe ich Berge, die immer näher kommen – das ist Kaschmir.

Mit dem Taxi in den Himalaya

Mit einem Ruck kommt der Zug zum Stehen. Ich werde gegen den Armeeoffizier geworfen, der hinter mir im Abteil steht, und wir landen beide wieder auf der Sitzbank. Ich entschuldige mich; er zeigt mir verständnisvoll seine weißen Zähne, was ich als eine Art Lächeln deute. Als ich aus dem Zug steige, zeigt die alte rostige Bahnhofsuhr zwölf Uhr an. Es ist ein herrlicher Tag nach der unbequemen Nacht in dem heißen, nicht klimatisierten Bahnabteil. Jammu, die letzte Bahnstation der »Northern Railways« auf unserem Weg nach Srinagar in Kaschmir, empfängt mich mit einem Gewirr von Stimmen, Menschen, Farben und Gerüchen. Das ist an sich nichts Ungewöhnliches; das hat es auf fast allen indischen Bahnhöfen gegeben, an denen ich bisher angekommen bin. Ungewöhnlich ist jedoch der Ton der Stimmen. Hier höre ich nicht das Schmeicheln und Werben der Händler und kleinen Gauner, die darauf aus sind, den Reisenden um die begehrten Rupien zu erleichtern. Die Stimmen auf Jammus Bahnhof sind harsch: kurze Sätze herausgebellt, kurze Antworten. Ungewöhnlich ist auch die dominierende Farbe der Kleidung – Khaki. Soldaten, wohin ich auch sehe. Einige sitzen auf Sandsäcken zusammen und unterhalten sich, andere stehen am Ausgang des kleinen Bahnhofs und durchbohren die Reisenden mit ihren dunklen Augen, wieder andere rauchen die typischen Zigaretten mit ihrem schmutzig braunen Filterpapier, die Karabiner lässig in der Hüfte abgestützt. Ich gehe den Zug entlang und suche meine Freunde, kann sie aber nirgends finden. Langsam orientiere ich mich auf den viel zu schmalen Ausgang hin, durch den sich die anderen Reisenden quetschen

Snacks *gibt es an allen Ecken zu kaufen*

und ihre Tickets bei einem verdrießlich dreinblickenden Kontrolleur abgeben. Die Wartehalle passt gut zu dem übrigen Eindruck, den ich bei meiner Ankunft von Jammus Bahnhof erhalten habe – klein und schmutzig. Menschen liegen, sitzen oder stehen verstreut über die ganze Halle. Ein Hund kläfft jämmerlich aus irgendeiner Ecke; ein kleines Mädchen, kaum älter als drei Jahre, schreit nach seiner Mutter. Da ich im Zwielicht der Halle meine Freunde nicht ausmachen kann, schultere ich von neuem meinen Rucksack, der mir mit jedem Tag schwerer und schwerer vorkommt, und suche sie vor dem Bahnhof. Doch weit komme ich nicht. Ein Heer von Taxifahrern, Händlern und angeblich Ortskundigen lauert mir auf und bietet mir schon für ein paar Rupien seine »wertvollen« und »unverzichtbaren« Dienste an. Dankend, aber bestimmt lehne ich ab. Als die Meute jedoch gar nicht von mir ablassen will, packe ich den nächstbesten Mann mit der linken Hand, die in Indien weitgehend als unrein gilt, am Arm und sage:

166

»Hey, Freund, meinen Namen willst du wissen und was ich tue? Ich heiße Bernhard, und wo ich herkomme, putze ich die Klos und wische die Latrinen.« Und im Nu habe ich Ruhe, denn wer gibt sich schon gerne mit einem Unberührbaren, einem Paria, ab? Schließlich entscheide ich mich, auf einer Bank auf meine Freunde zu warten, und kaufe mir zum Zeitvertreib eine lokale englischsprachige Zeitung. Viel ist wirklich nicht los in Jammu. Und das liegt daran, dass die Stadt mit ihren 150 000 Einwohnern nur saisonbedingte Teilzeit-Hauptstadt des Staates Jammu und Kaschmir ist. Erst im Winter erblüht die Stadt zum Leben, dann, wenn Regierung, Verwaltung und die oberen Zehntausend, kurz alle, die es sich leisten können, Srinagar und das Kaschmir-Tal verlassen und sich hierher retten, bevor der Schnee die Gebirgsstraße unpassierbar macht.

Rasch überfliege ich die Schlagzeilen und Vorspänne: ein Rikscha-Unfall, bei dem der Fahrer mit einem Lastwagen zusammengestoßen und mit ein paar Prellungen davongekommen ist; ein Einbruch, bei dem der Dieb mit der Beute auf frischer Tat ertappt wurde, und irgendein Restaurant, das einen Preis für sein frisches Essen gewonnen hat. Eine Meldung ganz anderer Art erregt jedoch meine besondere Aufmerksamkeit. Ganz unauffällig steht sie am unteren Rand der ersten Seite: »Polizei verhaftet subversive Elemente nach einem Feuergefecht. Bei den Personen, die in Gewahrsam genommen wurden, handelt es sich aller Wahrscheinlichkeit nach um von Pakistan trainierte Untergrundkämpfer...« Ich muss an das große Aufgebot von Soldaten auf dem Bahnhof denken, doch bevor ich meine Gedanken zu Ende spinnen kann, tippt mir jemand an die Zeitung. Ich falte sie zusammen und blicke in das müde Gesicht von Ted. »Wir haben verschlafen«, gähnt er, »und konnten gerade noch rechtzeitig abspringen, bevor der Zug nach Delhi zurückdampfte.«

Wir einigen uns darauf, erst einmal unsere knurrenden Mägen zu beruhigen und dann das Fremdenverkehrsbüro aufzusuchen, um uns über die Möglichkeiten zu informieren, noch am selben Tag nach Srinagar weiterzureisen. Das Essen ist diesmal chinesisch, schnell eingenommen und ziemlich schlecht. Als ich den greisen Kellner frage, warum mein *chicken fried rice* nach Fisch schmecke und ob er mir welchen untergemogelt habe, antwortet der Mann würdevoll: »Selbstverständlich habe ich Ihnen nur Huhn serviert. Die Regierung hat verboten, in Kaschmir Fisch zu verkaufen, weil er immer schon schlecht war, wenn er hier ankam.« Dann verlässt er den Tisch, um die Nachspeise zu bringen.

Das Fremdenverkehrsbüro der Stadt liegt gleich schräg gegenüber von unserem Lokal. Es sieht freundlich und adrett aus, genauso wie der Angestellte, der uns leutselig nach unseren Wünschen fragt, nachdem ihn das Knarren der Eingangstür aus seinem Mittagsschlaf geweckt hat. Nein, der letzte Bus nach Srinagar sei schon heute Morgen abgefahren und der nächste gehe erst am anderen Tag, antwortet der Inder auf unsere Fragen. Surrendar deutet auf die Taxis, die vor dem Haus schon beinahe übereinander gestapelt auf Kunden warten, und der Beamte nickt eifrig. Natürlich könnten wir uns ein Taxi mieten, das uns noch heute nach Srinagar fahre, aber das dauere auch seine Zeit und sei überdies nicht ganz billig: 1 000 Rupien, etwa 130 DM. Als ich mir die Strecke auf der großen Generalstabskarte an der gegenüberliegenden Wand näher ansehe, weiß ich auch warum. Die Distanz zwischen Jammu und Srinagar beträgt zwar nur 100 Kilometer, doch das ist Luftlinie. Der einzige Landzugang zum Kaschmirtal ist eine steile, gewundene Bergstraße – und die ist 300 Kilometer lang.

Neben der Landkarte hängen ein paar alte Poster an der Wand. »Srinagar« verkünden zwei Schriftzüge in grellem Gelb, der eine in Hindi, der andere in Englisch. Die beiden Plakate zur Linken stellen die Szenerie der Himalayaausläufer um das Kaschmirtal eindrucksvoll zur Schau: Schneebedeckte Bergriesen heben sich gegen einen wolkenlosen, tiefblauen Himmel ab und lassen die kleine Stadt im Tal wie eine Ansammlung von Spielzeughäusern erscheinen. Auf dem Poster rechts von der Karte paddelt eine *shi-kara,* ein flaches indisches Boot, das einer Gondel ähnlich ist, auf Srinagars Dal-See stilvoll in den Sonnenuntergang. Der Vergleich mit einer Gondel trifft auch insofern, als Srinagar oft wegen seines Systems von Kanälen und Wasserarmen das »Venedig Indiens« genannt wird. Während ich meinen Freunden und mir noch einmal in Gedanken gratuliere, nach Kaschmir aufgebrochen zu sein, um uns dort von der Backofenhitze Rajasthans und der unangenehmen Schwüle Bombays zu erholen, versucht sich Surrendar im Feilschen um einen günstigen Taxitarif. Er zeigt auf unsere Rucksäcke, denen die Spuren der Reise bereits deutlich anzusehen sind, betont, dass wir schließlich nur Studenten seien, doch es hilft nichts. Der Angestellte wiederholt mit unbewegter Miene, dass es sich hier um Festpreise handle; er könne da gar nichts machen. Endlich schlägt Surrendar ein, sagt »atscha«, was »gut« heißt und in direktem Gegensatz zu seinem Gesichtsausdruck steht, und wir teilen die Kosten unter uns auf.

Als wir das Gebäude verlassen, wartet der Taxifahrer schon auf uns an seinem Wagen. Der Mann ist ein Sikh, was sich unschwer an seinem Turban erkennen lässt, unter dem er das lange Haupthaar hochgebunden hat. Überdies ist er groß und hager, mit schwarzem Bart und düsterem Blick. Der Ambassador, der indische Standardwagen, den ich schon auf den Wüstenpisten Rajasthans und im dichten Verkehrsgewühl Bombays gesehen habe, sieht ziemlich abgewrackt aus. Ted zieht eine Augenbraue hoch, als er bemerkt, dass die Radkappen fehlen, ebenso ein paar Schrauben an den Rädern. Wortlos steigen wir ein, nachdem unser Gepäck auf dem Dach verstaut ist. Ein paar Kilometer außerhalb der Stadt hält unser Fahrer an einer Tankstelle, und während er den Tank auffüllt, höre ich das Geräusch eines herannahenden Motorrads. Wenig später parkt der Fahrer seine Maschine neben unserem Wagen, setzt seine Motorradbrille ab, lächelt uns zu und steigt von seinem Gefährt. Das Motorrad ist eine Enfield, eine jener indischen Maschinen, an deren Bauart sich seit den frühen dreißiger Jahren nichts geändert hat. Einen Augenblick lang schaue ich wehmütig auf die Maschine und würde gern mit dem Fahrer tauschen. Ein Mal mit so einem Motorrad durch Indien fahren! Dass der indische Fahrer meine Gedanken errät, bezweifle ich, doch lacht er mir noch einmal zu, startet durch und lässt unser Auto in einer Staubwolke zurück.

Endlich fahren wir weiter und lassen die Stadt hinter uns. Plötzlich sagt Ted, dass es ihm sehr schlecht gehe und er kaum noch Luft bekomme. Und wirklich ist er kreideweiß im Gesicht. Da sich Teds Amöbenruhr seit Benares kontinuierlich verschlimmert hat und wir nicht wissen, was ihm jetzt zu schaffen macht, fragt Surrendar den Fahrer nach einem Krankenhaus; der aber antwortet gar nicht erst, zieht mitten in der Fahrt die Handbremse, sodass der Wagen eine scharfe Kurve macht, wendet und fährt hupend wieder in Richtung Stadt. Aus den Augenwinkeln sehe ich den Wagen, der hinter uns gewesen ist, in Schlangenlinien auf den Graben zufahren, wo er schließlich zum Stehen kommt. Doch schon sind wir wieder mitten im Stadtverkehr. Links und rechts überholt unser Wagen die langsameren Gefährte, hupend biegt er in Einbahnstraßen ein, scheucht spielende Kinder von der Straße, ignoriert das schrille Pfeifen eines Polizisten und kommt schließlich nach fünf langen Minuten vor der Stadtklinik zum Stehen. Wenn dem Sikh die Fahrt Spaß gemacht hat, so lässt er sich zumindest nichts anmerken. Mit stoischem Gesicht dreht er sich um und schaut uns fragend an. Dampf steigt vom Kühler auf. Erst jetzt merke ich, dass sich meine linke Hand so in den Türgriff gekrallt hat, dass die Knöchel weiß hervortreten. Als ich aus dem Wagen steige, haben Surrendar und John Ted schon unter die Arme gegriffen und schleppen ihn zur Notaufnahme. Raja und ich setzen uns unter einen Baum in den Schatten, während der Sikh verschwindet.

Die Minuten dehnen sich aus, werden zu den sprichwörtlichen

Stunden, und keiner der drei kommt zurück. Ein altersschwacher Krankenwagen fährt vor, und zwei junge Sanitäter ziehen eine Bahre heraus; das Gesicht des Verletzten ist mit Binden verdeckt. »Brandwunden«, erklärt einer der Helfer. Ein Patient humpelt aus der Notaufnahme, den linken Fuß eingegipst. Er wird von seiner Familie abgeholt, die sich offensichtlich freut, dass er wieder gehen kann. Noch immer kein Zeichen von meinen Freunden. Eine halbe Stunde später kommen die drei zurück. Ted sieht noch immer schlecht aus. John erzählt, Ted habe einen Muskelkrampf in der Brust gehabt und der Arzt habe ihm eine Spritze geben müssen. Ich kenne Ted lange genug, um zu sehen, wie sehr er sich in den letzten Wochen verändert hat. Er mag wohl um die zehn Kilo abgemagert sein, und in den vergangenen Tagen ist er immer desinteressierter an unserer Reise geworden. Seine Magenprobleme wuchsen trotz oder vielleicht gerade wegen der Mengen an Medizin, die er bereits hat schlucken müssen; dennoch überraschen mich seine Worte völlig. »Leute«, sagt er, »ich geh' zurück nach Hause. Ich kann nicht mehr.« Schweigen. Keiner weiß, was er sagen soll. Ted versucht ein Lächeln. »Bringt ihr mich zum Flughafen?«

»Ted, überleg dir das noch mal«, sagt John. »Wenn wir erst in Srinagar sind, dann hast du genug Zeit, dich auszuruhen. In den Bergen ist das Klima besser, und wir werden wandern…« Doch Ted schüttelt den Kopf.

»Ich habe schon seit mehreren Tagen daran gedacht, heimzufliegen.«

Kurz darauf fahren wir zu Jammus kleinem, abseits gelegenen Rollfeld. Das Flugzeug nach Delhi ist schon startbereit, und die Abfertigungen am Flughafen gehen ziemlich reibungslos vonstatten. Mit dem Ticket in der Hand dreht sich Ted zu uns um. »Bist du sicher?«, versuche ich es noch einmal. Wieder lächelt er, aber es wirkt matt. »Nun bin ich nach Indien gekommen, um in Kaschmir zu wandern – und jetzt dies.« Wir verabschieden uns.

»Wir treffen uns in ›Domino's Pizza‹, nächstes Jahr!«, ruft Ted mir noch zu, bevor er hinter der Sicherheitsabsperrung verschwindet. John, Surrendar, Raja und ich sehen ihm nach: verwirrt, überrascht und ein bisschen traurig. Innerhalb von zwei Stunden ist Teds Indienreise zu Ende gegangen. Kaum zu fassen. Ich drehe mich um. Langsam gehen wir durch die Abflughalle. »Er wird wissen, was er tut«, sagt John. Surrendar und ich antworten nicht.

Wenig später rast unser Ambassador mit unverminderter Geschwindigkeit auf der schmalen Gebirgsstraße dahin, die Haarnadelkurven und entgegenkommenden Lastwagen ignorierend. Der Fahrer scheint den Zeitverlust um jeden Preis wettmachen zu wollen; schließlich haben wir durch Teds ungeplanten Ausflug einige Stunden verloren. Eine Tatsache, die dem Sikh wohl Sorgen zu machen scheint, denn in drei Stunden wird die Sonne untergehen. Ich indessen habe arge Zweifel, ob wir den Sonnenuntergang überhaupt noch gesund erleben werden, denn jedes Mal wenn der Wagen eine Kurve schneidet und auf die andere Fahrbahn wechselt, sehe ich im Geiste schon einen Wagen frontal in uns hineinfahren. Nicht gerade eine angenehme Vorstellung, wenn man bedenkt, dass ein solcher Aufprall nicht nur wegen der hohen Geschwindigkeit absolut tödlich sein muss, sondern auch wegen der Schlucht auf unserer rechten Seite, die mehrere hundert Meter tief ist. Unseren Fahrer, dessen Namen ich nie erfahren habe, stört dies jedoch keineswegs, sondern es spornt ihn eher zu wagemutigeren Höchstleistungen und Kunststückchen an. Und ich zweifle keine Sekunde daran, dass es recht schwierig sein dürfte, Menschen zu finden, die den Sikhs an Tollkühnheit oder Todesverachtung ebenbürtig sind. Während ich in diese unangenehmen Gedanken versunken bin, scheinen sich John und Surrendar gut zu unterhalten – irgendetwas über die Qualität der neueren Rolling-Stones-Schallplatten. Der Fahrer, der offensichtlich nur das Wort *music* verstanden hat, beginnt sofort auf dem Boden des Wagens zu wühlen und fördert zwei uralte indische Kassetten zu Tage. Für die nächsten zwei Stunden werden wir von plärrender Hindi-Musik unterhalten, die aus einem selbst gebastelten Lautsprecher direkt neben meinem Ohr herausdröhnt. Langsam füge auch ich mich in das Unvermeidliche und entspanne mich. Immer weiter fahren wir in das Gebirge hinein, und immer näher rücken die bewaldeten Hügel und Bergrücken. In der Ferne kann ich terrassenartig angeordnete Felder und Plateaus sehen, die denen der Anden ähneln, und einzelne Steinhäuser; doch sonst ist die Gegend unbewohnt. Nur gelegentlich passieren wir scheinbar hastig zusammengebaute Stein- und Holzhütten mit Wellblechdächern am Straßenrand und lassen im Vorbeifahren heftig winkende Kinder zurück. An einer dieser Ansiedlungen macht der Fahrer Halt, kauft zwei Packungen Weißbrot und drückt jedem von uns ein paar Scheiben in die Hand. Doch gerade als John hineinbeißen will, schüttelt der Sikh energisch den Kopf und stößt einen Schwall unverständlicher Wörter heraus. »Für die Affen«, übersetzt Surrendar. Und bald sehen wir sie auch, die Affen: an Bäumen hängend, sich auf der Straße balgend, bis unser Wagen heranschießt und sie aufgeregt kreischend an die Seite springen; Weibchen mit ihren Jungen, die sich an den Bauch der Mutter klammern; Affen über Affen, Dutzende, Hunderte. Ab und zu wirft unser Fahrer die Toastbrotscheiben zum Fenster hinaus, und ich kann im Rückspiegel sehen, wie die Affen gierig darüber herfallen. Darwin fände hier bestimmt viele Möglichkeiten, seine Theorie vom »Kampf ums Dasein« zu untermauern. Schließlich tun wir es dem Sikh nach, und ich bilde mir ein, dass dies vielleicht das Bakschisch, das Bestechungsgeld, des Fahrers an die Affen ist, uns ungehindert passieren zu lassen; doch können diese Gedanken natürlich auch durch einen milden Höhenkoller hervorgerufen worden sein. Immerhin fahren wir in 2000 Meter Höhe.

Es sind wohl zwei Stunden her, seit wir Jammu verlassen haben, als vor uns ein Lastwagen auftaucht, bunt bemalt mit Hindi-Zei-

chen und behängt mit allerlei Girlanden. Mühsam quält sich das
träge Ungeheuer die Bergstraße hinauf. Ohne die Geschwindigkeit im mindesten zu verringern, steuert unser Fahrer auf den Laster zu und überholt ihn hupend. Ich halte die Luft an. Da passt kein
Haar mehr zwischen den Lastwagen und unser Taxi, und ich
könnte schwören, dass unser Überholmanöver einen Steinschlag
auf der Schluchtseite ausgelöst hat. An der nächsten Kurve kann
ich dann sehen, dass noch viele Laster vor uns sind. Ich zähle an
die zehn. Ähnliche Überholmanöver schließen sich an. Aus einem
Führerhaus wird wütend ein Arm gestreckt, der in Drohgebärden
fuchtelt. Doch unberührt von alledem macht sich der Sikh ans
Werk, den nächsten Laster zu überholen, diesmal auf der Felsenseite. Doch es klappt nicht. Eine scharfe Bremsung wirft mich nach
vorne und ich schlage mit dem Kopf gegen John, der vor mir sitzt.
Ich fluche. Doch mittlerweile sind wir schon wieder im Rennen.
Als ich mich umdrehe, sehe ich die Aufschriften auf den zurück-
fallenden Wagen: »*Best of Luck*«, »*God bless us*« und »*May there
always be tomorrow*«. Ich wünsche uns alles davon.

Die Laster-Kette scheint endlos. Immer wenn ich denke, nun
haben wir's geschafft, taucht hinter der nächsten Biegung eine
neue Kolonne auf. Unermüdlich, ohne mit der Wimper zu zucken,
überholt unser Fahrer, mal rechts am Abgrund, mal links an der
Felsenseite, die kriechenden Lastwagen. Endlich, nach einer Stunde, haben wir die Wagenkolonne hinter uns gelassen. Als wir
gerade um die nächste Kurve fahren, muss der Sikh scharf bremsen. Eine Menschenmenge steht mitten auf der Fahrbahn. Unser
Wagen hält an, und wir steigen aus. Als ich über den Rand der
Schlucht schaue, sehe ich etwas, was ich einfach nicht begreifen
will: In der Tiefe liegt das Wrack eines Lastwagens. Zwei Männer,
die mit Seilen gesichert sind, wagen den Abstieg, um nach Überlebenden zu suchen. Ich frage einen der umstehenden Männer,
was genau passiert sei, doch der antwortet nur lakonisch: »Wieder
einmal ein Truck abgestürzt. Wollte überholen, der Rand gab nach,

und aus war's.« Nach einiger Zeit kommen die beiden Inder, die den Laster abgesucht haben, wieder. Sie schütteln die Köpfe. Keine Überlebenden.

In der Dämmerung erreichen wir eine kleine Ansiedlung. Unser Fahrer schlägt vor, hier zu Abend zu essen. Nur beeilen sollen wir uns, bevor uns der Lastwagen-Treck wieder einholt. Dann verschwindet er. Eine wacklige Holztreppe führt zu dem »Restaurant«, das uns der Sikh gezeigt hat – eine Steinhütte wie die anderen auch. Eine Tafel verkündet stolz: »Immer warmes Essen«. Diesmal sind es jedoch keine Hindi-Schriftzeichen, die da mit weißer Farbe flüchtig auf das Holzbrett gemalt worden sind, sondern die Sprache ist Urdu, das vor allem in Pakistan und Kaschmir gesprochen wird. Grammatikalisch gibt es kaum Unterschiede zwischen Urdu und Hindi, doch ähnelt Urdu im Schriftbild dem Arabischen und wird auch von rechts nach links geschrieben. Neben den Bergen ein weiterer sichtbarer Beweis, dass wir in Kaschmir sind.

Knarrend gibt die Eingangstür nach, und wir treten in den schummrigen Raum. Ein warmes Essen ist genau das, was ich jetzt brauche nach dem Schock mit dem Lastwagen. Der Schreck sitzt mir noch immer in den Knochen, genau wie meinen Freunden. Wir setzen uns an einen rohen, unbehauenen Holztisch und bestellen etwas zu essen. Kurz darauf erscheint ein kleiner Junge und bringt Unmengen an *dal*, dem indischen Linsengericht, und *chapatis* sowie Tee zum Hinunterspülen.

Als er wieder hinter der massiven, eisenbeschlagenen Holztür verschwindet, kann ich für einen Augenblick in die Küche sehen: zwei Feuerstellen, in den Steinfußboden eingelassen, auf denen es in großen kupfernen Kesseln brodelt; über sie ist eine uralte Frau gebeugt und rührt.

Während des Essens beobachtet uns der kleine Junge ununterbrochen. Seine großen dunklen Augen verfolgen jede Bewegung, die wir machen. Ab und zu fährt seine Hand durch das schwarze struwwelige Haar, als ob er damit seine Verwunderung über die fremden Leute ausdrücken wollte. Schließlich, als wir mit unserem Abendessen schon fast fertig sind, fasst sich der Junge ein Herz, kommt auf mich zu und es wiederholt sich das alte indische »Ritual«.

»*Wottis jurr nem*«, fragt er mich schüchtern.

Längst habe ich aufgegeben, meinen vollen Namen zu sagen. »Bernhard« scheint niemand in Indien so richtig verstehen zu wollen. So sage ich einfach »Ben«.

Ein bisschen mutiger geworden durch seinen anfänglichen Erfolg, setzt mein Gegenüber zur unvermeidlichen zweiten Frage an: »*Wärr ju from?*«

Und noch etwas habe ich inzwischen gelernt, nämlich dass alle Ausspracheregeln, die ich in Anglistik an der Universität gelernt habe, hier wertlos sind, ja eher die Konversation unmöglich machen. So entspricht meine Antwort auch nicht dem *Southern Standard English*, sondern eher einem *improvised Indian English*.

»*Aim from Dschermanny*«, antworte ich daher, wohl bewusst, dass mir dies mindestens einen zusätzlichen Aussprachekurs an meiner Universität einbrocken würde. Doch der Junge hat mich wohl verstanden. Stolz verlässt er nun unseren Tisch. Für die nächsten Tage wird er der Held des Ortes sein, kann er doch seinen Freunden sagen, dass er einen neuen Freund habe: »Ben« aus »Dschermanny«. Und alle seiner Altersgenossen werden ihn bewundern und beneiden.

Kurz danach sind wir wieder auf der Straße. Es ist etwa eine Stunde nach Sonnenuntergang, als wir uns einem Schlagbaum nähern. Der Sikh verlangsamt sein Tempo und hält knapp vor der Sperre an. Im Licht der Autoscheinwerfer kann ich drei Soldaten erkennen. Einer bleibt am Schlagbaum stehen, den Karabiner scheinbar zufällig auf die Frontscheibe unseres Wagens gerichtet. Die anderen beiden kommen auf uns zu. Eine starke Taschenlampe leuchtet mir ins Gesicht.

»*Your passports!*« Das ist ein Befehl, keine Bitte. Meine Freunde und ich kramen nach unseren Pässen und geben sie dem Offizier. Lange studiert er sie, wieder strahlt er mit der Taschenlampe unsere Gesichter an.

»Sie wollen nicht nach Leh?«, fragt er, wobei die Frage eher eine Feststellung ist. Surrendar verneint. »Nur nach Srinagar«, füge ich hinzu. Der Offizier nickt: »Leh ist Sperrgebiet. Im Augenblick wird dort gekämpft.« Dann stutzt er und schaut John an.

»Sie haben ein jordanisches Visum in Ihrem Pass. Was haben Sie dort gemacht?«

»Freunde besucht«, antwortet John.

Der Offizier schüttelt den Kopf: »Die Leute dort sind schlecht!«, dann gibt er den Weg frei. Surrendar fragt den Sikh, was denn für Kämpfe in Leh stattfänden, aber der will nichts sagen.

Unermüdlich kämpft sich der Ambassador über die steile Gebirgsstraße, bis uns schließlich nach 20 Kilometern ein weiterer Schlagbaum den Weg versperrt. Zu unser aller Enttäuschung können wir trotz der Dunkelheit eine weitere Kolonne von Lastern ausmachen, die vor der Absperrung wartet. Diesmal jedoch treffen wir nicht auf Soldaten. Ein Beamter der Straßenaufsichtsbehörde döst in einem kleinen Häuschen in der Nähe des Schlagbaums. Ein paar Lastwagenfahrer spielen im Schein von Taschenlampen Karten oder rauchen Zigaretten. Als wir an den Schlagbaum fahren, schaut der Beamte uns aus verschlafenen Augen an und schüttelt den Kopf. »Ab hier geht's nicht weiter«, übersetzt Surrendar, »die Straße ist auf unbestimmte Zeit gesperrt.« Damit scheint für den Mann das Thema erledigt, und er wendet sich wieder von uns ab. Für den Sikh scheint das Thema jedoch keineswegs erledigt zu sein. Er steigt aus und verschwindet in einem Steinhaus, vor dem schlaff eine indische Fahne an einem Mast hängt. Wenig später kommt er wieder und schwenkt einen Zettel in seiner rechten Hand, den er dem Mann im Häuschen gibt. Widerwillig bequemt der sich aus seinem Sessel und hebt den Schlagbaum an, sodass wir passieren können.

»Warum ist die Straße gesperrt und warum dürfen wir weiterfahren und die Laster nicht?«, fragt Surrendar unseren Fahrer.

»Schlechte Straßenbedingungen. Vorgesetzter Beamter alter Freund von mir; deswegen ich Durchfahrtserlaubnis.« Ich kann wirklich nicht behaupten, dass unser Fahrer ein Freund vieler Worte ist.

Die »schlechten Straßenbedingungen« erweisen sich als Untertreibung. Etwa vier Kilometer hinter dem Schlagbaum hört die Asphaltstraße auf und geht in einen Sand- und Schotterweg über. Das wäre an sich nicht schlimm, hätte der tagelange Regen den Weg nicht vollkommen aufgeweicht. Angestrengt schaut unser Fahrer auf den Schlammpfad vor sich, immer bemüht, nicht in eine der ausgefahrenen Fahrrinnen zu geraten oder in einem Wasserloch stecken zu bleiben.

Eine gewisse Gleichgültigkeit hat sich in mir breit gemacht. Wenn etwas geschieht, kann ich sowieso nichts daran ändern. Es fängt an zu regnen, und das gleichmäßige *Tock-tock* der Scheibenwischer wiegt mich in einen leichten Schlaf.

Ein Schrei reißt mich aus meiner Ruhe. Als ich die Augen öffne, starre ich in die großen Scheinwerfer eines entgegenkommenden Lastwagens. Dann geht alles furchtbar schnell. Kein Film meines Lebens vor meinem geistigen Auge. Kein »Warum«. Nur ein Wort: »Schade!« Plötzlich ein Geräusch von Metall auf Stein. Der Sikh hat das Steuer herumgerissen. Die rechte Wagenseite kratzt an der Felswand entlang. Der Wagen wird durchgeschüttelt. Und dann nichts. Kein Fall ins Endlose, keine Kollision. Nichts. Wir stehen still. *Tock-tock-tock* machen die Scheibenwischer. Ich habe die Luft angehalten. Endlich atme ich aus. Der Fahrer ist schon ausgestiegen und schaut nach dem Laster. Ich folge ihm langsam. Ein Rad des Kolosses hängt über dem Abgrund. Sonst ist nichts passiert. Die Fahrertür des Lasters schwingt auf, und zwei Inder steigen aus. Sie brüllen den Sikh an; und diesmal schreit er zurück. Plötzlich geben die beiden Männer kleinlaut nach und gehen zu ihrem Laster. Und auch wir kehren zu unserem Wagen zurück. Klappernd fährt der Ambassador wieder los.

»Was hat der Sikh zu den beiden gesagt?«, will ich von Surrendar wissen.

»Wenn ihr Händel mit mir anfangen wollt, dann tragen wir's doch gleich hier auf der Straße aus, mit den Messern«, antwortet Surrendar. Ich lehne mich zurück und schließe die Augen, doch an Schlaf ist nicht mehr zu denken, nicht nach dem, was gerade geschehen ist.

Um ein Uhr nachts erreichen wir schließlich Srinagar – unversehrt. Die Lichter des Städtchens leuchten aus dem Tal zu uns herauf. Für die 300 Kilometer haben wir neun Stunden gebraucht. Doch was sind neun Stunden gegen ein Leben?!

Kaschmir – zwischen Bürgerkrieg und *business as usual*

Über mir, an der Decke, hockt eine Spinne in ihrem Netz. Geduldig wartet sie auf Beute. Doch zumindest in der Zeit, in der ich sie beobachte, geht sie leer aus. Ein paar Sonnenstrahlen dringen an den muffigen Gardinen vorbei in den Raum. Ich richte mich vom Bett auf, gähne und schiebe die Gardinen beiseite. Das Einzige, was ich von hier aus sehen kann, ist das Nachbarboot, das bewegungslos auf dem ruhigen Wasser des Sees schwimmt. Wir haben die Nacht in einem der vielen Hausboote auf Srinagars Dal-See verbracht. Der Besitzer, ein junger Inder, hat uns heute früh an der Boulevard Road am See abgefangen, wo uns der Sikh mit dem Auto abgesetzt hat. Ich stehe auf und gehe langsam zu dem kleinen Raum, der in dem Boot als Bad dient. Und als ich auf die Fußmatte vor der Tür trete – *krach!* Ich schreie, denn der Boden hat nachgegeben, und ich stecke bis zur Hüfte in den Planken des Schiffes fest. Meine Füße hängen im Wasser.

Irgendwo von draußen höre ich die ruhige Stimme von Raja: »Ach, Bernhard, du musst ein bisschen aufpassen. Vor dem Bad liegt so 'n kleiner Teppich, und da ist ein Loch drunter. Ich wäre da beinahe heute Morgen reingefallen!« Als ich nicht antworte, kommt Raja selbst, um nach dem Rechten zu sehen, und fängt haltlos an zu lachen. Ich sage ihm, er solle mir gefälligst heraushelfen und mein Humor für solche Späße vor dem Frühstück sei noch sehr begrenzt. Dann mache ich einen großen Schritt über das Loch und kauere mich in die kleine Metallbadewanne, über der in geringer Höhe eine Duschvorrichtung angebracht ist. Ich drehe den Hahn bis zum Anschlag auf. Ein Tropfen fällt mir auf den Kopf

Shikaras *auf dem Dal-See in Srinagar*

und läuft meine Stirn hinunter. Na gut, denke ich, ziehe mich wieder an und setzte mich zu Raja nach draußen. John und Surrendar schlafen noch. Bald kommt das Frühstück – Rühreier, Toast, Marmelade und Kaschmiri-Tee.

Es ist ein schöner Morgen. Die Sonne steht am wolkenlosen Himmel, und ich kann die Berge, die das Tal umgeben, klar erkennen. Ihre Kuppen sind schneebedeckt. Ein paar *shikaras* paddeln über den See an uns vorbei. In ihnen sitzen indische Touristen, tief zurückgelehnt in die weichen Polsterkissen, und die Schilder an den flachen Booten versprechen »*most luxurious seats*«. Wir sind noch nicht mit unserem Frühstück fertig, als eine schmale, voll beladene Gondel bei unserem Hausboot anlegt. Ein alter Mann und ein kleiner Junge kommen zu uns an Bord. Sie grüßen, und ohne dass wir sie dazu aufgefordert hätten, breiten sie vor uns viele bunt bemalte Holzschächtelchen aus. Der Alte lobt immer wieder »*these finely crafted Kaschmiri originals*«. Zuerst wehrt

181

Raja ab, doch da der Händler nicht locker lässt, bittet er den Alten, ihm doch die Motive auf den Schachteln näher zu erklären und noch mehr davon auszupacken. Und da die beiden scheinbar das Geschäft ihres Lebens wittern, packen sie bereitwillig immer weiter aus, bis schließlich alle Schachteln vor uns auf den Planken des Bootes liegen. Raja nimmt diese und verwirft jene, legt eine dritte beiseite, begutachtet eine vierte, und die Augen des Händlers quellen über, als er sich womöglich zusammenrechnet, wie viel Geld dieser junge Amerikaner wohl heute bei ihm lassen wird.

»Wie viel von diesen hübschen Schachteln kann ich mir denn für einen Dollar kaufen?«, fragt Raja. Der Händler schaut ungläubig drein.

»Einen Dollar?«, wiederholt er, als habe man ihm ins Gesicht geschlagen.

»Ich bin nicht mehr so gut bei Kasse«, erklärt Raja freundlich und deutet auf eine besonders sorgfältig bemalte Schachtel und streckt die Hand danach aus. Doch der Händler kommt ihm zuvor, schnappt die Schachtel weg, und Rajas Hand greift ins Leere.

»Du nur einen Dollar haben?« Die Stimme des Alten zittert beinahe. »Du kommen mit Flugzeug von Amerika nach Kaschmir. Du geben Menge Geld aus für Flug. Und nun mir sagen, du nur einen Dollar und mich machen auspacken alles?« Und er fängt an, die Schachteln wieder einzusammeln.

»Aber wir müssen doch noch feilschen«, sagt Raja und lächelt dem Händler aufmunternd zu. Der jedoch greift schnell nach den restlichen Sachen, klettert mit dem Jungen in das Boot und stößt sich ab. Raja ruft ihm noch irgendetwas in Hindi hinterher und winkt.

»War das nötig?«, frage ich. Raja schaut einen Moment irritiert.

»Weißt du eigentlich, dass die Händler in Kaschmir zu den gefürchtetsten in ganz Indien gehören? Mach dir um die beiden mal keine Sorgen!« Sagt es, verschwindet im Inneren des Hausbootes und pfeift ein Lied dabei.

182

Am Nachmittag machen wir alle einen Spaziergang durch die Stadt. Auf unserem Rückweg finden wir ein Hotel, das auf einer kleinen Insel im Dal-See liegt und dessen Zimmer günstiger sind als der muffige Raum in unserem Hausboot. So packen wir die Sachen zusammen, ziehen um und mieten ein Zimmer für uns vier im ersten Stock. Es ist sauber und bietet einen schönen Überblick über die Hausboote und die Boulevard Road, die an der gegenüberliegenden Seite des Sees liegt und an deren Anlegestellen sich zu jeder Tageszeit *shikara*-Fahrer treffen – auch Händler, die verschiedene Waren aus ihrem Bauchladen anpreisen, und kleine Betrüger und Schlepper, die die Neuangekommenen zu bestimmten Hausbooten lotsen. Das Hotel wird von drei Kaschmiri geleitet, von denen ich annehme, dass sie Brüder sind, obwohl sie recht unterschiedlich aussehen. Der Älteste hat einen mürrischen Gesichtsausdruck, sitzt in dem kleinen Rezeptionshäuschen des Hotels und ist meistens damit beschäftigt, Rauchringe in die Luft zu

Schwimmende Gärten auf dem Dal-See

blasen. Der Mittlere ist dick, trägt einen Backenbart und hat die Aufgabe, die Hotelgäste mit der hauseigenen *shikara* an Land zu fahren. Der Jüngste schließlich ist von sportlicher Statur, und das ist alles, was ich von ihm weiß, denn er lässt sich selten sehen.

Gegen sechs Uhr abends mieten wir uns eine *shikara* mit *heavenly seats* – himmlischen Sitzgelegenheiten – und lassen uns über den Dal-See paddeln. Die großen Hausboote, deren Eigentümer einige Fantasie auf die Namen ihrer schwimmenden Räumlichkeiten verwendet haben – »*Silent Green*«, »*Texas Star*«, »*Cozy Blue*« –, bleiben hinter uns, und vor uns tun sich in der Abendsonne die Ausläufer des Himalaya auf. Dann biegt unser Fahrer in einen Seitenarm des Dal-Sees ein, und wir passieren kleine Inseln, auf denen Händler ihre Holzhütten gebaut haben, Webwaren anbieten und Lederprodukte, Silberschmuck und Schnitzereien, Obst und Gemüse. Kurz darauf fahren wir an den berühmten schwimmenden Gärten des Sees vorbei, von denen die Händler einen großen Teil ihres Gemüses ernten. Es wächst auf sumpfiger Erde, die auf dem Wasser schwimmt und die durch Pfähle mit dem Boden verbunden ist, damit sie nicht davontreibt. Schließlich biegt unser Fahrer wieder ab. Ich habe längst die Orientierung verloren, denn von der *shikara* aus macht der 45 Quadratkilometer große »Dal-Lake« nicht den Eindruck eines zusammenhängenden Gewässers, sondern scheint in viele kleine Fahrrinnen und Kanäle, Inselchen, Gärten und Landzungen unterteilt zu sein.

»Hallo, *ça va*«, ertönt es plötzlich neben uns, und als ich mich vorbeuge, um den Baldachin unserer überdachten *shikara* ein bisschen zur Seite zu schieben, traue ich kaum meinen Augen. Da überholt uns gerade das französische Pärchen, das Ted, John und ich in Jodhpur und später dann in Jaisalmer getroffen haben. Ihr Fahrer ruft unserem Fahrer etwas zu, und dann verschwinden sie in einem der Seitengewässer. Ich lehne mich wieder zurück und denke einen Augenblick an Ted, ob er wohl schon wieder in Amerika ist und wie es ihm wohl gehen mag. Als dann die Schatten der Hausboote und Bäume länger werden, rudert uns der Fahrer zurück zum Anlegesteg an der Dal-Brücke. In der Abenddämmerung machen wir uns auf die Suche nach einem Restaurant.

Wir bleiben eine Woche in Kaschmir, und während dieser Zeit schleicht sich eine gewisse Routine in meinen Tagesablauf. Früh am Morgen stehe ich auf, dusche, verlasse unsere kleine Pension durch den Haupteingang, grüße den Hausbesitzer, der gelangweilt an der Rezeption sitzt und schon wieder oder noch immer Rauchringe pafft, lasse mich von seinem pummeligen Bruder an das gegenüberliegende Ufer fahren und gehe dann die Boulevard Road hinauf in Richtung Dal Gate. Dort, in einem Eckhaus, gibt es nämlich den Laden, der unter anderem drei wirkliche Schätze zum Verkauf anbietet: den *Daily Excelsior*, Schokoladenriegel und Toilettenpapier. Die Zeitung kaufe ich mir, um mich über Neuigkeiten in der Stadt zu informieren, falls es mal welche geben sollte; die Schokoladenriegel, weil sie nicht wie in den heißeren Teilen des Landes mit einer weißen Schicht überzogen sind; und das Toilettenpapier, weil ich denke, dass ich nicht alle Gepflogenheiten der Inder nachahmen muss – und dazu gehört auch die Reinigung mit der bloßen linken Hand nach getaner Toilette. Nach dem Besuch des Ladens gehe ich gewöhnlich zu dem kleinen Kaschmiri-Restaurant, das ebenfalls an der Boulevard Road liegt, um zu frühstücken. Die Kellner dort sind freundlich, und bei meinem dritten Besuch empfängt mich einer von ihnen an der Tür und fragt: »*Good morning, Sir! Same breakfast as yesterday and the day before yesterday?*«

Ich muss lachen und nicke. Schließlich gehe ich dazu über, dort auch zu Mittag zu essen, denn die Speisen sind lecker, und bis auf den gebratenen Käfer, den ich einmal in meinem Reis gefunden habe, ist das Restaurant sauber. Außerdem gibt es dort einen hervorragenden Cappuccino, der vielleicht zu den besten ganz Indiens zählt.

Hausboote auf dem Ihlum-Fluß in Srinagar

Auch dieser Morgen, es ist ein Freitag, verspricht nicht anders zu werden als die vorangegangenen Vormittage. Vielleicht nur, dass wir alle diesmal ein wenig früher aufgewacht sind. Zur Morgendämmerung hat uns der Gebetsruf des Muezzin aus dem Schlaf gerissen und mich daran erinnert, dass Kaschmirs Bevölkerung zu fast 70 Prozent aus Moslems besteht und die meisten von ihnen im Kaschmirtal leben. Etwas später schickt mir der Mann an der Rezeption einen Rauchring zur Begrüßung hinterher, und sein rundlicher Bruder setzt mich zum anderen Ufer über. Als wir etwa auf der Mitte der Strecke sind, beugt er sich zu mir herunter, sodass das schmale Boot gefährlich zu schwanken beginnt.

»Du wollen tauschen deine Uhr gegen meine Frau«, fragt er mich und zwinkert mir zu. Ich denke, ich habe mich vielleicht verhört.

»Wie bitte?«

»Du tauschen deine Uhr am Arm gegen meine Frau? Sie noch sehr jung.«

Die Hazrat-Bal-Moschee, in der ein Barthaar des Propheten aufbewahrt wird.

»Wie lange bist du denn schon verheiratet?«, frage ich ihn, während er weiterpaddelt.

»Zwei Wochen. Du tauschen?«

»Das ist ein Witz?«, sage ich und schaue auf meine alte Uhr am Handgelenk.

»Nein. Ich ernst.«

»Weißt du, im Grunde genommen könnten wir darüber verhandeln, aber das Problem ist – ich bekomme deine Frau bei meiner Ausreise wahrscheinlich nicht durch den Zoll!« Einen Moment lang schaut mich der Kaschmiri enttäuscht an, dann nickt er. Wir fahren an ein paar morschen Hausbooten vorbei, und ich bin froh, mich so glimpflich aus der Affäre gezogen zu haben.

Neben dem Angebot, eine Kaschmiri als meine Frau mit nach Deutschland zu bringen, hält dieser Morgen noch eine weitere Überraschung für mich bereit. Als ich in dem kleinen Eckladen den *Daily Excelsior* kaufe, winkt mich der Ladeninhaber zu sich heran.

Mit leiser Stimme sagt er: »Fünf Touristen…«, und dann macht er eine eindeutige Bewegung mit seinem krummen Zeigefinger in der Halsgegend.

»Sie meinen, dass fünf Touristen tot sind?«, frage ich zurück. Der Mann nickt. Vielleicht sind sie bei einer Gebirgspartie verunglückt, denke ich.

»Erschossen, vor zwei Tagen«, unterbricht der Ladeninhaber meine Gedanken. Ungläubig schlage ich die Zeitung auf. In den letzten Tagen hat der *Excelsior* zwar gelegentlich von kleinen Plänkeleien an der indisch-pakistanischen Grenze berichtet, doch von Toten ist nie die Rede gewesen. Und heute auch nicht.

»Steht nichts davon drinnen«, sage ich schließlich.

»Sie wissen nicht, was hier geschieht?«, fragt mich der Mann. »Hier in der Gegend haben wir einen Grenzkrieg. Pakistani gegen Inder. Kaschmiri gegen Inder. Inder gegen alle.« Als ich noch einmal auf die Zeitung deute, winkt der alte Mann lachend ab. »Niemand schreibt, was wirklich passiert. Srinagar hat Saison. Und Angst ist nicht gut für Touristen.«

Als ich endlich den Laden verlassen habe, scheint noch immer dieselbe Sonne am selben Himmel, der Schokoladenriegel schmeckt gut, und ich tue das Gerede als Geschwätz eines alten Mannes ab. Bis mir wieder die vielen Soldaten in Jammu einfallen mit ihren Maschinengewehren und ihren Blicken, mit denen sie alle Fremden sorgfältig gemustert haben.

Je näher ich der Moschee komme, desto lauter werden die Schreie, und auch das Hupen und Schnarren nimmt zu. Ich habe mir gegen Mittag für ein paar Rupien ein Fahrrad gemietet und mich auf den Weg zur Hazrat-Bal-Moschee gemacht, in der ein Haar des Propheten Mohammed als Reliquie aufbewahrt sein soll. Der Weg führte durch die gewundenen Gassen der Altstadt mit ihren Holz- und Steinhäusern, die mich wegen ihrer Verzierungen oft an Gebirgshütten in Bayern erinnerten. Ich passierte ein paar Brücken, die sich über den Ihlum-Fluss spannten, auf dem einige Hausboote schwer im ruhigen Wasser lagen. Dann, etwas außerhalb der Stadt, wand sich die asphaltierte Straße durch sumpfiges Gebiet. Rechts und links von mir erstreckte sich ein gleichmäßig grüner und trügerischer Teppich, über den gelegentlich ein Kaschmiri mit seinem schmalen Nachen glitt; manchmal saßen auch Kinder im Boot und winkten mir zu. Als ich dann schließlich die Moschee erreiche, sehe ich den Grund für die Unruhe – ein totales Verkehrschaos. Massen von gläubigen Moslems haben sich zum gemeinschaftlichen Gebet am Freitagmittag eingefunden. Sie sind mit Lastwagen gekommen, mit Mopeds, zu Fuß und mit Bussen, und einer von den Linienbussen ist in den Graben abgerutscht und blockiert die gesamte Straße. Ich stelle das Fahrrad am Rand eines großen Parkplatzes ab und werde dann von der Menschenmenge in Richtung Moschee geschoben. Um die Moschee herum findet ein Basar statt. Alte, zahnlose Männer und Weiber preisen schreiend Stickereien und Gebetskappen an, und in großen Kesseln kochen Gemüseeintöpfe und andere Gerichte. Plötzlich spaltet sich der Menschenstrom, denn mitten auf dem Weg liegen mehrere Krüppel. Ihre Gliedmaßen sind fast bis zur Unkenntlichkeit angeschwollen und deformiert. Neben ihnen stehen Blechschalen mit Geldstücken. Irgendwann fangen die Menschen an, über die am Boden liegenden Körper hinwegzusteigen, und ich verliere mich in einem Wust von Leibern und Kleidern und komme erst kurz vor dem Eingang der Moschee wieder zur Ruhe. Doch die Leute dort schauen mich nicht freundlich an. Und zwei stämmige Kaschmiri verweigern mir den Eingang. Ich spreche sie auf Englisch an und frage sie nach dem Grund. Sie schütteln nur die Köpfe, und ich weiß nicht, ob sie mich überhaupt verstanden haben. Schließlich drängen mich die nachfolgenden Menschen zur Seite und bahnen sich ihren Weg in die Moschee. Und da ich denke, dass es nicht wert ist, einen Streit anzufangen, ob ich nun die Moschee betreten darf oder nicht – nicht einmal für ein Barthaar des Propheten! –, fahre ich zurück in die Altstadt und schiebe dann das Rad durch die Gassen, bis ich in das Geschäftsviertel komme: Gehäutete Tierleiber hängen vor den Läden der Fleischer in der Sonne. Von weitem sehen sie aus wie eine schwarze, lebende Masse, und erst als ich näher komme, sehe ich, dass sie über und über von Fliegen bedeckt sind, die auf dem Fleisch herumkrabbeln. Obst und Gemüse liegen auf Ständen zum Verkauf bereit, und am Straßenrand wiegt ein buckliger Mann lebendes Federvieh auf einer alten Waage ab. Die Krallen und Flügel der Hühner sind zusammengebunden, und die Luft ist voll von ihrem Gekrähe und Gezetere. Als ich den Händler frage, ob ich ein Foto von ihm und den Hühnern machen dürfe, nickt er mir aufmunternd zu, und augenblicklich nimmt sein Gesicht einen würdevollen Ausdruck an. Die Hühner schnattern noch immer aufgeregt in seiner Hand. Nachdem ich das Foto gemacht habe, will ich mich zum Gehen wenden, als ich gegen einen Soldaten pralle, der mit schnellen Schritten auf mich zugekommen ist.

»Was machen Sie?«, fragt er mich, und ich merke, dass er aufgeregt ist. Ich versuche ihm zu erklären, dass ich den Händler mit den Hühnern aufgenommen habe, doch dann folge ich dem ausgestreckten Arm des Soldaten und sehe schräg hinter dem alten Mann eine Maschinengewehrstellung, die mit schweren Sandsäcken befestigt ist. Endlich, nach langem Reden, gelingt es mir, dem Soldaten zu versichern, dass mir an jenem Motiv überhaupt nicht gelegen war, und er lässt mich gehen. Als ich mit dem Fahrrad weiterfahre, schaue ich mich genauer um und entdecke noch mehr Soldaten. Sie stehen immer so, dass sie im Stadtbild kaum auffallen. Ich fahre an ein paar Armeelastwagen vorbei, die in einer abgelegenen Seitenstraße stehen – weit weg vom Hauptverkehr und weit entfernt von den Orten, die Touristen bevorzugen. Endlich biege ich kurz vor der Maulana Azad Road in eine Nebenstraße ein und komme auf eine Kreuzung. Es ist warm, und ich kaufe mir an einem Stand eine Limca und stelle mich in den Schatten einer Balustrade.

Während ich trinke, schaue ich die Häuserzeile entlang und erblicke auf dem Dach des Eckgebäudes an der Kreuzung – Soldaten. Für einen Beobachter von der Straße aus ist es fast unmöglich, sie zu sehen – durch die Bretter und die Steine, die wie zufälliger Müll auf dem Flachdach liegen. Endlich begreife ich, dass Kaschmir doch nicht so friedlich ist, wie es scheint. Was ist, wenn der Händler heute Morgen Recht gehabt hat, als ich mir die Zeitung gekauft habe? Wenn wirklich fünf Touristen erschossen worden sind?

Es ist ein heißer Sonntag, als wir vier uns mit einem alten Überlandbus auf den Weg in das 80 Kilometer entfernte Sonamarg machen, um dort in den Bergen zu wandern. Der Himmel ist klar und wolkenlos. Die Straße – eigentlich mehr ein Pfad als eine Straße – ist staubig und gewunden, und so brauchen wir drei Stunden für die gesamte Strecke. Sonamarg schließlich ist eine Ansammlung von Hütten, kleinen Jungen und alten Männern, die mit noch älteren Pferden meist indische Touristen zu den Gletschern bringen. So verdienen sie sich ihren Lebensunterhalt. Auch zu uns kommt einer der Führer und fragt uns, ob wir Ponys bräuchten. Als wir ablehnen, verlegt er sich aufs Bitten, und so sehen wir uns seine Ponys an. Sie sind alt und müde; in der hinteren Ecke des Stalls liegt der reglose Körper eines Tieres, das einfach umgefallen zu sein scheint und sich nicht mehr bewegt. Wir bedanken uns und machen uns zu Fuß auf den Weg. Eine Viertelstunde werden wir noch von dem Führer begleitet, der uns beschwört, doch auf seinen Tieren zum Gletscher zu reiten; sie seien wirklich stark, und wie solle er sonst sein Geld verdienen. Als Surrendar ihm freundlich erklärt, dass wir lieber zu Fuß gehen wollten, bleibt der Mann hinter uns zurück und setzt sich auf einen Felsen. Resigniert legt er den Kopf in die Hände. Wir bleiben bis zum Abend am Gletscher und sonnen uns, und der Anblick der schneebedeckten Berge um uns herum ist einmalig. Als wir den Bus zurück nach Srinagar nehmen, fühle ich mich erholt und frisch.

Pony-Führer in Sonamarg (Kaschmir)

Am Montag mache ich wieder meinen morgendlichen Routine-
gang, und als ich schließlich in dem kleinen Kaschmiri-Restaurant
sitze und frühstücke, schlage ich die Zeitung auf: »*Car-borne ter-
rorists fire in Srinagar*« – Terroristen feuern in Srinagar Schüsse
aus dem Auto ab. Diese Schlagzeile fällt mir sofort ins Auge. In dicken Lettern steht sie im linken oberen Viertel. Und dann lese ich

den ganzen Artikel: Gestern, als wir auf unserer Wandertour waren, haben sich nach Angaben der Zeitung indische Polizisten und Kaschmiri-Terroristen an der Dal-Brücke ein Feuergefecht geliefert – nur wenige hundert Meter von unserer Pension entfernt. Tote soll es dabei nicht gegeben haben. Die Männer in dem Auto konnten entkommen, und es sollen daraufhin Sondereinheiten angefordert worden sein. Ich lege die Zeitung beiseite und trinke einen Schluck Tee. Merkwürdig, denke ich, dass der *Excelsior* seine Strategie geändert hat und nun über Zustände berichtet, über die er bisher so beredt geschwiegen hat. Dann lese ich weiter, bis Raja, Surrendar und John kommen, wir gemeinsam das Frühstück fortsetzen und unsere künftigen Reisepläne besprechen. Surrendar will am nächsten Tag schon nach Jodhpur zurückfahren. Raja will noch in Kaschmir bleiben, und John möchte nach Chandigarh in den Punjab, um dort einen Freund zu besuchen.

»Vielleicht überlegst du dir das noch mal«, sage ich und schiebe ihm die Zeitung über den Tisch zu. Einer anderen Meldung zufolge ist ein Zug auf dem Weg nach Chandigarh durch ein Attentat entgleist. Viele Menschen sollen dabei ums Leben gekommen sein; auch in Chandigarh selbst habe es mehrere Gefechte gegeben, bei denen zwölf Menschen erschossen worden seien – darunter auch Zivilisten.

»Tja, warum sollte ich eigentlich nicht mit dir zurück nach Delhi fahren«, sagt John und schiebt die Zeitung zurück. Wir setzen unser Frühstück fort, jeder mit seinen eigenen Gedanken beschäftigt.

Der Lastwagen hupt wild, fährt aber weiter, ohne seine Geschwindigkeit zu verringern. Die Touristin mit dem gelben Strohhut springt in letzter Sekunde zur Seite und rettet sich auf den Bürgersteig. Nichts passiert. Ich schaue wieder in mein Buch und lese weiter. Seit Surrendar heute Morgen mit dem Bus nach Jodhpur aufgebrochen ist, sitze ich an der Anlegestelle an der Boulevard

Schneebedeckte Berge ragen in den Himmel von Kaschmir

Road und lese. Einen Augenblick denke ich noch einmal an den Morgen zurück. Es ist wieder einmal ein kurzer Abschied gewesen.

»Vielleicht sehen wir uns nächsten Sommer in England oder in Deutschland wieder«, hat Surrendar gesagt.

»Oder in Amerika«, habe ich geantwortet, und wir haben uns die Hände geschüttelt. Dann ist Surrendar zur Busstation aufgebrochen. Ich bin am Fenster stehen geblieben. Der dicke Bruder des Hotelbesitzers hat Surrendar übergesetzt, und bald darauf verloren wir ihn aus den Augen, als er an der Dal-Brücke abbog. Jetzt sind nur noch wir drei übrig.

Ich lese weiter im Buch und schaue ab und zu auf, denn ich habe herausgefunden, dass dies die beste Möglichkeit ist, um mit den Leuten hier ins Gespräch zu kommen. Sie bleiben stehen und fragen, was das denn für ein Buch sei, das ich da lese, oder sie setzen sich einfach zu mir, und dann unterbreche ich meine Lektüre und wir unterhalten uns. Auf diese Art habe ich schon ein paar *shikara*-Fahrer und Händler kennen gelernt. Als ich wieder von meinem Buch aufschaue, bemerke ich den jungen Mann auf der anderen Straßenseite, der mich ziemlich auffällig beobachtet. Jetzt überquert er die Straße und kommt zu mir an die Anlegestelle – scheinbar zufällig. Er setzt sich neben mich. Ich lese weiter. Ob er sich das Buch einmal ansehen dürfe, fragt er mich, und ich sage: »Klar.« Er nimmt das Buch und sagt: »Ah, Hemingway«, und nachdem er ein bisschen darin gelesen hat, sind wir schon bald in eine lebhafte Unterhaltung verwickelt. Es stellt sich heraus, dass mein Gesprächspartner Omar heißt, etwa so alt wie ich und wie die meisten Kaschmiri Moslem ist. Wir unterhalten uns buchstäblich über Gott und die Welt, und schließlich kommt Omar auf die vielen leicht bekleideten Touristinnen zu sprechen, die in Srinagar herumlaufen.

»Ich finde es besser«, sagt er langsam, »wenn Frauen lange Kleider tragen. Denn das Schlimme ist, dass unsere Frauen diese Mode nachahmen wollen. Aber wenn nur eine von meinen Schwestern das versuchen würde – ich würde sie erschlagen.« Dabei lächelt er mich an. Es ist ein freundliches Lächeln, und doch zweifle ich keine Sekunde daran, dass er es ernst meint. Irgendwann gelangen wir dann beim Thema Politik an. Er hasse die Inder, sagt Omar, denn sie verweigerten Kaschmir einen autonomen Status; Kaschmir aber müsse ein Moslem-Staat werden so wie Pakistan, denn die meisten Einwohner seien ja Moslems. Und Omar erzählt mir, dass er im Untergrund aktiv sei.

»Tagsüber studiere ich, aber nachts treffen wir uns. Erst haben wir Parolen auf die Häuser gemalt, doch das reicht nicht mehr. Jetzt haben wir angefangen zu kämpfen, und es werden immer mehr, die uns folgen.«

Ich frage mich, warum Omar mir das alles erzählt und ob er nur ein Angeber ist. Nein, dazu redet er zu nüchtern. Er hat auch gar nichts Fanatisches an sich, wenn er von seinem *jihad* spricht, dem heiligen Krieg, der es nötig mache, die Inder zu töten, wenn sie sich den Freiheitsbestrebungen der Kaschmiri noch lange widersetzen sollten. Er sagt das mit kühler, überlegter Stimme. Ob er denn keine Angst habe, selbst zu sterben, frage ich ihn. Omar schüttelt den Kopf.

»Dieses Leben ist nichts im Vergleich zu dem, was mich nach meinem Tod erwartet«, sagt er. Und nach einer Weile: »Wir werden siegen oder sterben.«

Wieder lächelt er, und jetzt weiß ich, was mich die ganze Zeit bei unserem Gespräch irritiert hat – dieses freundliche Lächeln, das so überhaupt nicht zum Inhalt seiner Worte passt. Als die Sonne hinter den Bäumen am gegenüberliegenden Ufer des Dal-Sees untergeht, sehe ich Raja und John auf der anderen Straßenseite. Ich verabschiede mich von Omar.

»Viel Glück«, sage ich. Und als ich die Straße überquere, frage ich mich, wofür ich ihm eigentlich Glück gewünscht habe. Zu überleben in einem dummen Krieg um ein kleines Stück bergiges Land? Ich weiß es nicht.

»Wer war denn der Kaschmiri eben?«, fragt John, als wir drei zusammentreffen.

»Jemand, den ich kennen gelernt habe«, sage ich. Und ich schaue mich noch einmal um; doch Omar ist schon verschwunden, irgendwo in der einsetzenden Dämmerung.

»Das war so ziemlich mein letztes Geld«, sagt Raja, als wir am nächsten Tag unsere Bustickets für die Rückfahrt nach Jammu gekauft haben. Auch John und ich haben kaum noch Geld, und ich muss noch fast eine Woche damit in Indien bestreiten.

Am Abend dieses letzten Tages in Kaschmir bummeln wir noch einmal die Boulevard Road hinunter. Schließlich bleiben wir vor einer Art Zelt am Straßenrand stehen. Ein Schild hängt am Eingang: »Sobana & Co.« Darunter ist eine handgeschriebene Speisekarte angebracht.

»Kommt, auf eine Limca«, schlägt John vor, und wir treten ein. Ein Mann sitzt hinter dem Eingang an einer uralten Registrierkasse, und der hintere Teil des Zeltes ist durch einen Vorhang von dem Speiseraum abgetrennt. Ich vermute, dass dort die Küche ist. In der Luft liegt der Geruch von gutem Essen und Gewürzen, und wir setzen uns an einen der langen Tische. Der Mann an der Kasse ruft etwas, dann wird der Vorhang zur Seite geschoben und eine rundliche Frau kommt an unseren Tisch. Raja bestellt drei Limcas und ein paar *chapatis* für uns. Die Frau schaut uns aufmerksam an. Dann sagt sie etwas. Fragend blicken John und ich zu Raja.

»Sie meint, davon könnten wir doch wohl unmöglich satt werden«, übersetzt der.

»Wir haben aber nicht mehr so viel Geld«, antwortet John, und Raja übersetzt wieder. Die Frau lächelt, verschwindet in der Küche und kommt kurz darauf wieder – mit drei Limcas, *chapatis* und Unmengen an *dal, dosas,* Joghurt und Süßigkeiten zum Nachtisch.

»Wir haben wirklich nicht mehr das Geld dafür«, beteuert Raja, aber die Frau erklärt, das mache nichts. Irgendwann hätten wir vielleicht wieder Geld, und dann könnten wir ihr es ja schicken. Wenn wir es nicht schickten, dann mache das auch nichts – für heute seien wir ihre Gäste. Etwas später kommt ihr Mann von der Kasse an unseren Tisch, ihre Kinder kommen aus dem Küchenteil des Zeltes, und alle schauen uns beim Essen zu. Der Mann klopft mir aufmunternd auf die Schulter, und die Kinder lachen. Spät in der Nacht, als wir aufbrechen, winkt uns die Familie zum Abschied hinterher. Wir winken zurück, und ich weiß, dass dieser Abend alle Fährnisse meiner Fahrt aufgewogen hat.

Der Morgennebel liegt noch auf dem Wasser des Dal-Sees, als wir uns auf den Weg zur Busstation machen. An der Anlegestelle an der Boulevard Road verabschieden wir uns von dem dicken Kaschmiri, der uns, wie schon so oft zuvor, übergesetzt hat. Er fragt mich, ob ich noch ein kleines Geschenk für ihn hätte. Ich wühle in meinem Rucksack und fördere ein T-Shirt mit dem Aufdruck »New Orleans« zu Tage. Der Kaschmiri freut sich und wünscht uns eine gute Reise. Am Eckladen an der Dal-Brücke kaufe ich mir zum letzten Mal den *Excelsior* und lese ihn im Gehen: Bürgerunruhen in Ladakh, dem buddhistischen Hochland Kaschmirs, und der Stadt Leh haben zu Verletzten geführt; Autos seien ausgebrannt und mehr Soldaten angefordert worden. Srinagar – zwei Spirituosenläden letzte Nacht ausgebombt. Ich gebe die Zeitung an John. Nach einer Weile schüttelt er den Kopf.

»Vielleicht keine schlechte Zeit, sich von diesem Land zu verabschieden«, sagt er. Noch wissen wir nicht, dass dies nur der Anfang ist, ein Geplänkel, das ein halbes Jahr später eskalieren wird – in blutige Auseinandersetzungen zwischen den Kaschmiri und der indischen Armee.

Endpunkt Delhi –
und was von Indien bleibt…

Plötzlich steht eine Kuh mitten in dem kleinen Bahnhofsrestaurant. Raja schaut kurz von seinem Teller auf, isst dann aber weiter, John und ich machen es ihm nach. Allein ein paar Studenten aus der anderen Ecke des Raumes schenken der Kuh mehr Beachtung, als es vielleicht nötig wäre. Einer von ihnen hat sich ein Handtuch genommen und versucht sich als Torero – zur großen Freude seiner Studienkollegen. Sie sind ein ausgelassener Haufen, denn sie haben Semesterferien und sind auf dem Weg nach Hause, wie uns einer von ihnen erzählt hat. Die Kuh glotzt leicht irritiert, rührt sich aber nicht. Erst als der Student versucht, auf dem Tier zu reiten, wirft es ihn ab. Er landet auf dem Boden und zieht im Fallen einen Tisch und ein paar Stühle mit sich. Irgendwie gelingt es dann den übrigen Studenten, das nun aufgebrachte Tier zu beruhigen und nach draußen zu führen. Nachdem wir unsere kleine Mahlzeit beendet haben, gehen auch wir und steigen in den Nachtzug nach Delhi ein, der schon auf dem Gleis bereitsteht.

Wir haben uns kaum in dem engen Abteil so gemütlich wie möglich eingerichtet, als wir Zeugen eines erregten Gespräches werden: Eine hohe Stimme zetert ohne Pause – Englisch mit amerikanischem Akzent –, und eine tiefe Stimme unterbricht dann und wann sachlich – Englisch mit einem indischen Akzent. Plötzlich wird der Vorhang zur Seite geschoben, der unser Abteil vom Gang trennt. Vor uns stehen eine junge Frau und der Zugschaffner.

»Entschuldigung«, sagt die Frau und will den Vorhang wieder schließen, doch dann besinnt sie sich und fragt: »Spricht einer von euch meine Sprache?«

»Es ist nicht allzu schwer, in diesem Land Menschen zu finden, die Englisch sprechen«, sagt John, und der Schaffner schaut beleidigt drein, denn schließlich hat er bis eben ja auch Englisch gesprochen.

»Also, ich weiß wirklich nicht, was das Problem ist«, sagt die Frau, und der Schaffner fängt noch einmal an, ihr und nun auch uns zu erklären, dass sie noch nachzahlen müsse, wenn sie in der ersten Klasse bleiben wolle; denn sie habe nur ein Ticket für die zweite Klasse gelöst. Endlich scheint sie zu begreifen, holt das Portmonee aus ihrer Gürteltasche und gibt dem Schaffner einen so großen Rupienschein, dass er ihn nicht wechseln kann. Er bleibt dennoch freundlich und geht das Wechselgeld holen. In der Zwischenzeit stellt sich die Frau vor.

»Ich bin Lisa«, sagt sie, und das in einem Ton, der vermuten lässt, dass die ganze Welt wissen müsse, wer Lisa sei. John übernimmt es, uns vorzustellen, und während die beiden reden, habe ich die Möglichkeit, mir Lisa genauer anzusehen. Da sind die grellrot lackierten Fuß- und Fingernägel, die mir zuerst ins Auge fallen; und wenn Lisa redet, und sie redet vor allem mit ihren Händen, dann klirren ihre großen goldenen Armreifen. Ihr Gesicht wird von langen schwarzen Haaren bestimmt und von verlaufenem Make-up; denn bevor sie in unser Abteil gekommen ist, hat sie offensichtlich geweint. Ihre Stimme ist auch jetzt noch ein wenig belegt. Dann kommt auch schon der Schaffner mit dem Wechselgeld wieder, und hinter ihm höre ich jemanden ächzen.

»Oh, mein Gepäck«, sagt Lisa, und mir gehen die Augen über. Der kleine, dürre Mann, der Lisas Gepäck trägt, stöhnt unter der Last eines riesigen Samsonite-Koffers. Lisa nimmt ihr Wechselgeld entgegen, vergisst, dem Träger das Bakschisch zu geben – das er sich meines Erachtens redlich verdient hat – und lächelt uns wieder zu.

Raja, der bis jetzt gelesen hat, schaut interessiert auf den Koffer und fragt: »Was ist das?«

»Wie ich schon sagte, mein Gepäck«, antwortet Lisa.

»Willst du lange damit reisen?«

»Sechs Wochen«, erklärt Lisa. Damit scheint für Raja das Thema erledigt; er widmet sich wieder seinem Buch. Nach einiger Zeit scheint auch John der Unterhaltung überdrüssig zu werden, und er zieht sich mit einem gemurmelten »Mann, bin ich müde« auf das obere Klappbett zurück. Damit ist es an mir, die Konversation aufrechtzuerhalten. Doch dies erweist sich kaum als schwierig, denn Lisa bestreitet den größten Teil des Gespräches. Aus Chicago komme sie, erzählt sie, und sie habe ihren College-Abschluss in Teppich-Design gemacht (hier höre ich ein Prusten von Rajas Klappbett, und John tarnt sein Lachen als einen plötzlich aufkommenden Hustenanfall!). Ja, deswegen sei sie überhaupt nach Kaschmir gekommen, fährt Lisa fort. Sie habe dort bei Bekannten ihres Vaters gewohnt, Moslems, die eine Teppichmanufaktur besäßen, und es sei ja so interessant gewesen. Gelegentlich lasse ich ein höfliches »Ach-nein-wirklich?« einfließen. Unglücklicherweise setzt Lisa diese rhetorische Frage mit einem echten Interesse gleich; und als es auf zwölf Uhr nachts zugeht, kenne ich Lisas ganze Lebensgeschichte, inklusive ihrer Familienmitglieder und deren Probleme.

»Du scheinst wirklich sehr müde zu sein«, bemerkt sie schließlich, nachdem ich nun schon mehrere Male dezent gegähnt habe, und dann legt sich jeder von uns auf sein Klappbett. Ich starre noch eine Weile in das Dunkel und denke über den vergangenen Tag nach. Und dann werde ich in meinen Gedanken von einem Geräusch unterbrochen: Lisa hat angefangen, sich im Dunkeln die Fingernägel zu feilen.

In Delhi verabschieden John und ich uns von Raja, der wieder zurück nach Jodhpur fahren will. Während meiner letzten Tage in Indien wohne ich mit John bei der Witwe eines Konteradmirals der indischen Marine. Sie ist eine Bekannte von Johns Eltern aus der Zeit, als die beiden für ein paar Jahre in Indien gelebt haben. Ihr Haus liegt am Stadtrand von Delhi, und es ist groß und hat kühle Räume und hohe Decken. Die Nachbarn sind ehemalige Marine- oder Armeeoffiziere mit ihren Familien. Die Witwe ist eine freundliche Frau, doch obwohl sie oft lächelt, hat sie einen harten Zug um den Mund, und ich kann mir vorstellen, dass sie sehr unnachgiebig sein kann. Drei Zimmer ihres Hauses hat sie vermietet, um sich neben der Witwenrente ein einträgliches Nebeneinkommen zu sichern; denn Wohnungs- und Zimmerkosten sind hoch in Delhi. Von den drei Mietern bekomme ich nur Julie zu sehen. Ich treffe sie am ersten Tag, als ich auf dem Balkon des Hauses stehe und in den Nachbargarten hinunterschaue, wo eine Gruppe Jungen in Karateanzügen unter den Anweisungen ihres Lehrers trainiert. Ihre Schreie hallen durch die Mittagsruhe.

»Ah, du bist also der Besuch.«

Ich drehe mich um und schaue in das lachende Gesicht einer jungen weißen Frau. »Ich bin Julie und wohne auch hier«, sagt sie. Ich stelle mich vor, und Julie lädt mich zum Tee ein. Kurz darauf sitzen wir in ihrem Zimmer. Die Decke in diesem Raum ist sehr niedrig, und überhaupt ist das Zimmer klein.

»Die Witwe ist geizig. Ich muss die Hälfte meines Gehalts für die Miete bezahlen«, sagt Julie, als sie mir Tee eingießt. Ich antworte nicht. Stattdessen schaue ich mich ein bisschen im Raum um, und meine Augen bleiben an ein paar Fotografien hängen: ein kleines Mädchen, um die vier Jahre.

»Deine Schwester?«, frage ich.

»Meine Tochter«, antwortet sie. Und jetzt bin ich wirklich überrascht, denn ich schätze, dass Julie nicht älter ist als ich.

»Das hättest du nicht gedacht, stimmt's«, sagt sie und lächelt. Unaufgefordert beginnt sie, mir ihre Geschichte zu erzählen. Vor einundzwanzig Jahren in Lucknow geboren, einer Stadt in Nordindien. Ihr Vater Exilrumäne, ihre Mutter Engländerin. Abgebrochene Schulausbildung, weil sie, so meinte Julie damals, den Mann ihres Lebens kennen gelernt hatte. Mit sechzehn dann ein Kind, das Mädchen auf den Fotografien. Mit zwanzig Scheidung von ihrem Mann – er habe sie oft geschlagen. Ihr Kind lebt jetzt bei ihren Eltern in Lucknow, sie selbst ist erst vor kurzem nach Delhi gezogen.

»Geschieden in Indien – das ist ein Witz«, lacht Julie bitter. »Aber geschieden in Indien mit einem Kind, das ist untragbar. Ich musste es bei meinen Eltern lassen. Hier in Delhi arbeite ich den ganzen Tag. Ich könnte mich gar nicht um die Kleine kümmern.«

Ich frage sie nach ihrer Tätigkeit.

»Oh, ich sitze an der Rezeption einer Firma hier in Delhi. Und da habe ich noch Glück gehabt – so ohne Schulbildung. Meine Hautfarbe hat mir den Job eingebracht.« Demonstrativ streicht sie über ihren Arm. »Meine Haut – weißt du, was daran so elendig ist?«, fragt sie dann. Ich schüttle den Kopf.

»Ich werde nie eine von ihnen sein in ihren Augen. Ich bin hier geboren worden und habe die indische Staatsangehörigkeit – doch für sie bin ich keine Inderin. Ich spreche fließend Hindi – doch ich bin keine Inderin. Freunde zu finden ist leicht. Für einen Tag oder auch für eine Nacht. Es ist schon toll, mit einer Weißen im Arm von seinen Freunden gesehen zu werden. Aber für länger? Um Gottes willen! Und dann hat sie ja noch ein Kind am Hals!« Sie schaut mich an und weint.

Am Abend sitzen John und ich mit der Witwe auf der Terrasse. Es weht ein angenehmer Wind, und wir trinken Tee. Julie kommt von der Arbeit zurück. In ihrer rechten Hand hält sie eine Rose. Vielleicht ist doch alles gar nicht so schlimm, denke ich, vielleicht hat sie einen netten Mann kennen gelernt. Die Witwe schaut John und mich an und schüttelt den Kopf.

»Das macht sie jeden Abend. Geht zum Händler, kauft sich eine Rose und stellt sie in ihr Zimmer. Armes Ding – ganz allein.« Als die Sonne untergegangen ist, gehen wir ins Haus und essen zu Abend.

Palast in Fatehpur Sikri

Gegenüber dem Engländer mit der Hornbrille und seiner Frau im geblümten Kleid sitzt ein nackter Inder. In seiner linken Hand hält er eine Art Dreizack, und sein Gesicht ist mit farbigen Linien bemalt. Sein Haar ist lang und wirr. Eine Stofftasche hängt an einem Lederriemen von seiner Hüfte herab. Aber sonst ist er nackt. John und ich sitzen in einem Zug nach Agra und machen einen Tagesausflug zum Tadsch Mahal. Insgeheim amüsiere ich mich über die beiden Engländer, die verzweifelt aus dem Fenster schauen, um nicht den Inder, der vor ihnen sitzt, ansehen zu müssen. Die Peinlichkeit, die die zwei Engländer empfinden, in der Nähe eines »nackten Wilden« (Originalton der Frau) sitzen zu müssen, hängt wie eine große Glocke über den beiden. Der Inder ist, so nehme ich an, ein *sadhu*, und er nimmt keine Notiz von seiner Umwelt – auch nicht vom Schaffner, der ihn gar nicht erst nach einer Fahrkarte fragt, sondern ihn einfach sitzen lässt. Das ist Indien!

Agra liegt etwa 200 Kilometer südlich von Delhi am Yamuna-

Audienzsaal des Mogulkaisers Akbar

Fluss. Wir kommen um die Mittagszeit an, und es ist sehr heiß. Als wir das Bahnhofsgebäude verlassen, warten schon die Bettler auf uns. Es sind auch viele Leprakranke darunter. Sie strecken die Hände nach uns aus – sie sind verkrüppelt, manchmal bis auf die Knochen zerfressen, und die Fliegen kleben an den offenen Wunden. Wir gehen schneller, aber die Inder folgen uns. »*Rupees, sahib, Rupees*«, rufen sie, und ich bin froh, als wir im Bus sitzen und der Bus abfährt. Doch ich kann diese schrecklichen Hände, Arme, Beine und Gesichter nicht vergessen.

Zum letzten Mal spielen John und ich Touristen, und der Bus bringt uns zunächst nach Fatehpur Sikri. Fatehpur, das heißt »Siegesstadt«, und sie soll an den Sieg des Mogulkaisers Akbar über den Sultan von Ahmedabat im Gujarat erinnern. Erst sehen wir nur Ruinen; aber dann, schon bald, entpuppt sich Fatehpur Sikri als eine intakte Geisterstadt aus rotem Stein, deren einzige Einwohner die vielen Touristengruppen zu sein scheinen, die in den

Gassen, den Pavillons und auf den Höfen umhergehen. Am meisten beeindruckt mich der Audienzsaal Akbars, der auch »Palast der Religion« genannt wird. Denn hier, von einem Balkon auf einem Pfeiler in der Mitte des Saals, diskutierte der Kaiser mit Vertretern aller wichtigen Religionen: moslemischen Gelehrten, Hindus, Anhängern Zarathustras, Jains und jesuitischen Missionaren. Sein Traum: eine allumfassende monotheistische Religion, die alle anderen Glaubensrichtungen vereinen sollte. Im Jahr 1582 schuf Akbar diese Religion als »Din-i-Ilahi«, doch mit seinem Tod ging auch der neue Glaube unter. Als wir wieder nach draußen gehen, setze ich mich in den Schatten, während die Gruppe unserem mürrischen Fremdenführer folgt. Die Sonne gleißt vom Himmel herab. Für wenige Momente verschwimmen die Touristen vor meinen Augen. Sie werden zu Höflingen des Kaisers, die in bunten Kleidern schwatzend durch die Stadt flanieren oder als lebende Figuren vom Kaiser auf dem Pacisi-Spielfeld, das dem Schach- und Mühlespiel ähnelt, herumgeschoben werden. Doch als ich noch einmal gegen die Sonne blinzle, sehe ich nur noch die Touristen.

»Keine Indienreise ohne das Tadsch Mahal, den Höhepunkt indisch-moslemischer Mogularchitektur« – das schreibt jeder Reiseprospekt. »Auf das Tadsch Mahal kannst du ruhig verzichten« – das haben mir Freunde vor meinem Abflug versichert. Und nun stehe ich selbst vor dem Mausoleum, das der Herrscher Shah Jahan nach dem Tod seiner Frau Mumtaz-i-Mahal in den Jahren 1632 bis 1653 errichten ließ. Menschenmassen schieben sich über die zwei Treppenaufgänge in den Hauptkomplex mit dem eigentlichen Grabmal. Tausende von Schuhen stehen vor den Treppen – fein säuberlich nebeneinander gestellt. Wie sollen die Besitzer sie je wiederfinden in dieser Menge von ähnlich aussehendem Schuhzeug? Ich stelle meine Turnschuhe an die Mauer, versuche mir den Ort so gut wie möglich einzuprägen, und dann geraten John und ich in den Sog der Besucher und werden von allen Seiten geknufft, als es den Nachrückenden nicht schnell genug geht. Vom Grab Mumtaz-i-Mahals sehe ich dann nichts, denn der Raum ist dunkel und vor mir ist eine undurchdringliche Wand von Menschenleibern. Ich bin froh, als ich wieder draußen bin und meine Schuhe wiedergefunden habe. Von weitem, in der Nachmittagssonne, gefällt es mir gut, das Tadsch Mahal: das Hauptgebäude mit seiner großen Kuppel, die vier schlanken Minarett-Türme und alles in demselben weißen Marmorstein. Und dann fällt mir wieder der Ahnentempel in Jodhpur ein auf dem roten Sandsteinplateau. Der gleiche Stein, hatte der Wächter stolz gesagt.

Als John kommt, machen wir uns auf den Rückweg zum Bus, und schon bald sitzen wir wieder im Zug nach Delhi. Die Sonne ist untergegangen. Die Landschaft wird grau, und dann ist alles einheitlich schwarz. John liest ein Buch, und ich starre aus dem Fenster und kann doch nur mein eigenes Spiegelbild auf dem Glas erkennen. Meine Reise geht zu Ende, denke ich.

Ich lasse mir Wasser über den Kopf laufen. Es ist lauwarm. Dann schaue ich in den Spiegel. Das Gesicht, das mir unter dem gelben Licht der Glühbirne entgegenblickt – mein Gesicht –, hat sich verändert. Es ist schmaler geworden; ich habe dunkle Ränder unter den Augen. Ich sehe an mir hinunter. Die Hosen sind zu weit. Ich habe abgenommen. Wie viel, weiß ich nicht. Während der letzten beiden Tage in Delhi habe ich wieder Fieber gehabt. Jetzt ist es Zeit abzufliegen. Noch drei Stunden. John klopft an die Badezimmertür.

»Dein Taxi steht vor der Tür, Bernhard.«

Ich trockne mir das Gesicht ab, schlucke drei Immodium-Tabletten, schließe die Tür auf und gehe zu meinen Sachen. Alles schon gepackt.

»Grüß die Witwe von mir. Ich denke, sie würde es nicht mögen, um ein Uhr in der Nacht geweckt zu werden, nur damit ich ihr tschüss sagen kann. Und sag ihr ›danke‹«, bitte ich John.

»Sehen wir uns nächstes Jahr?«, fragt er mich.

»Vielleicht«, antworte ich, und dann gehe ich zu dem Taxi. John schaut mir hinterher.

»Wie viel Rupien soll die Fahrt zum internationalen Flughafen kosten?«, frage ich den Fahrer. Der zeigt auf das Taxameter und antwortet bloß, dass es funktioniere. Ich steige ein. Die Fahrt durch die nächtliche Stadt dauert zwanzig Minuten. Als wir am Flughafen ankommen und ich aussteige, verlangt der Fahrer 100 Rupien.

»Der Zähler zeigt nur 62 Rupien an«, sage ich.

»Nachtzuschlag«, sagt der Fahrer und kaut an einem Zahnstocher.

Ich greife in meine Hosentasche und gebe dem Fahrer ein paar Scheine, ohne abzuzählen.

»Aber Sir, das sind 120 Rupien.«

»Schon möglich«, antworte ich. Als ich durch die Drehtür das Flughafengebäude betrete, höre ich den Fahrer hinter mir herrufen: »Vielen Dank, Sir, gute Reise, Sir!«

Ich habe sie gezählt. Es sind sechs Schlangen am Flughafen gewesen, in denen ich über zwei Stunden gewartet habe: die Schlange am Schalter, wo ich die Flughafengebühr von 300 Rupien bezahlen musste, die Schlange beim Einchecken, die dritte bei der gesonderten Gepäckaufgabe, die vierte vor der Toilette (aber die zählt nur bedingt, da das Immodium versagt hat), die fünfte Schlange vor den Auswanderungsschaltern, die letzte an der Sicherheitssperre. Nun sitze ich im Warteraum vor dem Flugsteig. Grüner Teppichboden. Kimaanlage. Fluggäste. Gesprächsfetzen dringen an mein Ohr.

»… es war wirklich gut organisiert. Und die schönen Hotels und alles so sauber.« Es sind zwei Schweizerinnen, die sich da unterhalten. Rüschenblusen, lange Röcke, so um die dreißig.

Mir gegenüber redet eine Amerikanerin mit einer Deutschen. Die Amerikanerin trägt einen bunten Sari.

»… *and India was just wonderful.*« Dann wendet sie sich ihrem

Mann zu. »*Next time, we'll stay two weeks!*« Ihr Mann lächelt.
Dann werden die Durchgangstüren geöffnet, und wir gehen durch
einen langen Schlauch zum Flugzeug. Stewardessen weisen den
Neuankömmlingen den Weg zu ihren Sitzplätzen. Ich finde meinen – es ist ein Fensterplatz – und verstaue das Handgepäck. Endlich lehne ich mich tief zurück in den Sessel. Der Passagier neben
mir schaut mich an. Er ist Inder und trägt westliche Kleidung. Ein
Geschäftsmann, denke ich. Als die Getränke kommen, spricht er
mich an. »Waren Sie lange in Indien?«

»Anderthalb Monate«, antworte ich und trinke einen Schluck
Wasser.

»Und, hat es Ihnen gefallen?« Als ich nicht sofort antworte,
fährt der Inder fort: »Wissen Sie, für die meisten Europäer ist Indien das erste Mal ein Schock. Sie waren doch zum ersten Mal in
Indien?« Ich nicke. »Und Sie sind krank geworden!«

»Ja«, sage ich und lächle, auch der Inder lächelt.

»Aber es ist schon eigenartig«, sagt er nach einer Weile. »Erst
wollen die meisten nie mehr zurück nach Indien, und dann kommen sie doch wieder und noch einmal und noch einmal…«

Ich schaue aus dem Fenster. Es hat angefangen zu nieseln. Ein
paar Techniker arbeiten im Neonlicht. Ein Flughafenbus fährt
über eine Landebahn.

»Du kommst wieder!« Das hat auch Manor einmal gesagt. Ich
denke an Jodhpur – die Hochzeit – Bakthaver und Narpad – Surrendars Großmutter (»Wenn du das nächste Mal kommst, werde
ich dir eine gute Frau besorgen!«) – endlose Fahrten in stickigen
Zügen. Bombay – Benares – Delhi – Srinagar – Ali, der Ohrenaus-
renker – der tollkühne Sikh, der uns durch die Berge Kaschmirs
gefahren hat – Omar (»Wir werden siegen oder sterben!«) – und
all die anderen, die ich getroffen habe… »Wenn du dir wieder einmal eine Karte von Indien ansiehst, werden da nicht bloß Orts-
namen stehen«, hatte Surrendar kurz vor unserem Abschied gesagt. Er hat Recht, denke ich.

Die Techniker haben ihre Arbeit inzwischen beendet. Ich trinke den Rest Wasser in meinem Becher. Die Stimme der Stewardess kommt leicht verzerrt aus den Lautsprechern. Sie bittet die Fluggäste, sich anzuschnallen und das Rauchen einzustellen. Und dann rollt das Flugzeug auf die Startbahn, beschleunigt, hebt ab, steigt höher und höher, bis Delhi nicht mehr ist als ein paar Lichter in der Nacht.

Infos

Reisezeiten

Indien hat drei Hauptjahreszeiten: den Winter, den Sommer und die Monsunzeit. Während die Wintermonate (November–März) sonnig sind, mit Schnee in den nördlichen Bergregionen und angenehmen Temperaturen im Rest Indiens, sind die Sommermonate (April–Juni) in den meisten Teilen des Landes sehr heiß. In der Monsunzeit (Westküste: Juni–September; Ostküste: Mitte Oktober–Dezember) setzt ein starker warmer Regen ein, der Monsun, der oft ununterbrochen mehrere Tage anhält.

Aus diesen Gründen ist es schwierig, die beste Reisezeit auszumachen. Sie müssen individuell entscheiden, welche Monate Ihnen am besten liegen. Die Wintermonate bieten zwar ein hervorragendes Klima und Ski-Möglichkeiten in den Bergen, zu diesem Zeitpunkt ist Indien aber auch von Touristen überlaufen, und es ist oft schwierig, Unterkunftsmöglichkeiten zu finden und Flüge oder Bahnreisen zu buchen. Im Sommer sind zwar die Temperaturen extremer, dafür ist aber Indien »leerer«. Und wenn Sie sich das Schauspiel des Monsunregens nicht entgehen lassen möchten, müssen Sie in der Zeit von Juni bis Dezember kommen. Die folgende Tabelle soll Ihnen eine Orientierungsmöglichkeit bei Ihren Reiseplänen geben.

Stadt		J	F	M	A	M	J	J	A	S	O	N	D
Agra	Tma	22	26	32	38	42	41	35	33	33	33	29	24
	Tmi	07	10	16	22	27	29	27	26	25	19	12	08
	N	16	09	11	05	10	60	210	263	151	23	02	04
Bombay	Tma	31	32	33	33	33	32	30	29	30	32	33	32
	Tmi	16	17	20	24	26	26	25	24	25	23	20	18
	N	00	01	00	00	29	647	945	660	309	117	07	01
Delhi	Tma	21	24	30	36	41	40	35	34	34	35	29	23
	Tmi	07	10	15	21	27	29	27	26	25	19	12	08
	N	25	22	17	07	08	65	211	173	150	31	01	05
Jaipur	Tma	22	25	31	37	41	39	34	32	33	33	29	24
	Tmi	08	11	15	21	26	27	26	24	23	18	12	09
	N	14	08	09	04	10	54	193	239	90	19	03	03
Kalkutta	Tma	26	29	34	36	36	34	32	32	32	31	29	27
	Tmi	12	15	20	24	26	26	26	26	26	24	18	13
	N	13	22	30	50	135	263	320	318	253	134	29	04
Lucknow	Tma	23	26	33	38	41	39	34	33	33	33	29	25
	Tmi	09	11	16	22	27	28	27	26	25	20	13	09
	N	24	17	09	06	12	94	299	302	182	40	01	06
Madras	Tma	29	31	33	35	38	37	35	35	34	32	29	28
	Tmi	20	21	23	26	28	28	26	26	25	24	23	21
	N	24	07	15	25	52	53	83	124	118	267	309	139
Srinagar	Tma	04	08	13	19	25	29	31	30	28	23	15	09
	Tmi	-02	-01	03	07	11	14	18	18	13	06	00	-02
	N	73*	72*	104*	78	63	36	61	63	32	29	17*	36*
Benares	Tma	23	27	33	39	41	39	33	32	32	32	29	25
	Tmi	09	11	17	22	27	28	26	26	25	21	13	09
	N	23	08	14	01	08	102	346	240	261	38	15	01

J bis D = Monate; Tma = maximale Temperatur (°C); Tmi = minimale Temperatur (°C); N = durchschnittlicher Niederschlag in mm; * = Niederschlag fast ausschließlich als Schnee.

Reisen im Lande

Wenn Sie es eilig haben, werden Sie die Inlandsflugverbindungen beanspruchen. Wenn Sie mehr Zeit (und Geduld!) haben, sollten Sie unbedingt die beiden anderen Fortbewegungsmöglichkeiten nutzen: die Eisenbahn und die Busse. Das indische Bahnsystem ist mit über 62 000 km Schienenstrang, über 7 030 Stationen und 11 200 Lokomotiven das größte in Asien und das zweitgrößte der Welt. Und dann: Eine Bahnreise mit einer alten Dampflokomotive ist schon ein Erlebnis an sich. Wie die Fahrt mit der Bahn, so hat auch eine Busreise zwei wesentliche Vorteile: Sie sehen die Landschaft und lernen viele Menschen kennen. Und wenn Ihnen ein paar Ziegen, Hühner und schreiende Kinder auf dem Nebensitz nichts ausmachen, dann haben Sie sicherlich eine interessante Reise vor sich. Während Bahnreisen auch für längere Strecken empfehlenswert sind (wegen des Schlafwagens), können Busse auf sehr langen Strecken (mehr als einen Tag) ziemlich unbequem sein: Sie haben weniger Platz, es kann unangenehm heiß werden, oft sind die Straßen schlecht, und nach sechs Stunden fangen Sie an, die Schlaglöcher zu zählen!

Gesundheit

Impfungen. Empfohlen wird ein Impfschutz gegen Diphterie, Kinderlähmung, Hepatitis A, Tetanus und Typhus. Um die Impfungen den augenblicklichen Erfordernissen in Indien anzupassen, informieren Sie sich am besten vier bis sechs Wochen vor Ihrer Abreise bei den Gesundheitsämtern oder Tropeninstituten. Achtung: Sind mehrere Impfungen vorgeschrieben, muss zwischen bestimmten Impfungen ein größerer Zeitabstand eingehalten werden!

Eine *Malaria-Vorbeugung* ist bei einem längeren Aufenthalt in Indien ebenfalls wichtig. Auch hierbei können die Gesundheitsämter und Tropeninstitute Sie beraten, welches Medikament zur Prophylaxe geeignet ist.

Passen Sie Ihren Magen *langsam* der (scharfen) indischen Küche an und meiden Sie rohe Milch, Joghurt, Salate und ungeschältes Obst. Gerade die ersten beiden Produkte sind der ideale Nährboden für allerlei lästige Krankheitserreger. Wenn es Ihnen möglich ist, verzichten Sie in Indien auf Fleisch. Ich habe die Tierleiber bereits beschrieben, die oft stundenlang in der Sonne hängen und mit Fliegen übersät sind. Achten Sie sonst darauf, dass das Fleisch und der Fisch vollständig durchgebraten oder gar gekocht sind.

Ein *klares Nein* zu *nicht abgekochtem Trinkwasser!* Verwenden Sie zum Trinken (und gegebenenfalls auch zum Zähneputzen) nur Wasser, das in Flaschen abgefüllt ist (Soda, Tafel- und Mineralwasser). Achten Sie auf den Originalverschluss!

Diese Einschränkungen gelten im Allgemeinen. Für wirklich erstklassige Restaurants und Hotels treffen sie in der Regel nicht zu. Und: Ein Übermaß an Ängstlichkeit in Bezug auf die Ernährung tut auch nicht gut!

Kleidung

Während der Sommermonate empfiehlt es sich, in Indien luftige Tropenkleidung zu tragen: weite Hosen und Hemden aus Baumwolle (auch die Unterwäsche sollte nicht aus Synthetic sein!). Wenn Sie mit dem Rucksack reisen, brauchen Sie nicht viel Kleidung mitzunehmen, da Sie im Land billig Hemden und Hosen »von der Stange« kaufen können. Für die Berge sollten Sie zusätzlich einen leichten Pullover einpacken, da dort auch im Sommer die Nächte kühl sind. In der Monsunzeit gelten dieselben Ratschläge. Im Winter sollte sich für alle Teile des Landes neben der besagten luftigen Kleidung etwas wärmere Wollkleidung im Gepäck befinden – für die Berge ist sogar sehr warme Winterkleidung zu empfehlen (vgl. Klimatabelle, S. 212). Frauen sollten beim Zusammenstellen ihres Reisegepäcks auf das Mitnehmen von *Miniröcken, Shorts* und *sehr engen Kleidungsstücken verzichten* und im eigenen Interesse auf die kulturellen Gepflogenheiten des Gastlandes Rücksicht nehmen. Die indische Lebensweise ist nun einmal anders, und Frauen, die in Kleidung herumlaufen, die Inder provoziert, riskieren nicht selten, körperlich belästigt zu werden. Wenn Sie sich an diese Vorsichtsmaßnahmen halten, haben mir viele Frauen erzählt, ist es auch durchaus sicher, allein als Frau durch Indien zu reisen.

Noch ein Wort zur Etikette: Beim Betreten eines Tempels oder eines Tempelbezirks müssen die Schuhe ausgezogen werden; die Socken dürfen Sie anbehalten. (Dies ist manchmal eine Überlegung wert, wenn Sie vor der Wahl stehen, barfuß durch eine gehörige Schicht von Taubenkot zu waten oder danach die Socken in den nächsten Mülleimer zu werfen!)

Kleine politische Geschichte Indiens

Seine **erste Blüteperiode** erlebte der Subkontinent um etwa 2500 v. Chr. mit der bereits städtischen Induskultur. Deren Einflusssphäre erstreckte sich über weite Teile der heutigen Bundesstaaten Rajasthan, Gujarat und des Punjab. Zu den Errungenschaften dieser Zivilisation gehören eine bis heute nicht entzifferte Schrift sowie ausgeklügelte Bewässerungs- und Abwassersysteme. Mitte des zweiten vorchristlichen Jahrtausends beginnen die **Einwanderungswellen der hellhäutigeren Arier.** Sie kamen aus Zentraleuropa oder Südrussland und drangen über den Nordwesten in das Land vor. Mit ihren härteren Bronzewaffen und schnellen Kriegswagen eroberten sie zunächst den Punjab und die indische Tiefebene. Sie schufen auch die Grundlage für das

Kastensystem. Die Zeit bis etwa 320 v. Chr. ist eine politisch unruhige Periode, die durch Kriege und rivalisierende Fürstentümer gekennzeichnet ist. Im Jahr 322 v. Chr. begründet Chandragupta mit der Maurya-Dynastie **das erste indische Großreich,** das unter dessen Enkel Ashoka (273 bis 232 v. Chr.) die größte Ausdehnung erfährt: Seine Felsen- und Säulenedikte finden sich über weite Teile Indiens verstreut. Nach dem Ende der Dynastie, etwa 184 v. Chr., versuchen verschiedene Fürsten wieder eine Reichseinheit herzustellen. Doch gelang dies erst unter der Gupta-Dynastie von 320 bis 480 n. Chr. Dies war ein **goldenes Zeitalter,** in dem Wohlstand herrschte und die Künste und Wissenschaften hoch entwickelt waren. **Der Süden Indiens** blieb von den Konflikten des Nordens, dem Aufstieg und Fall von Königreichen, weitgehend unberührt. Die Hügelketten der Vindhya- und Satpuraberge gelten noch heute vielen Indern als kulturelle Schranke. Handelsbeziehungen mit Ägypten, Rom und Südostasien machten die südindischen Fürstentümer wohlhabend. Während dort der Hinduismus die bestimmende Religion war, gewannen **im Norden muslimische Invasoren** an Macht. Im Jahr 1206 etabliert sich mit der Gründung des Sultanats von Delhi eine dauerhafte islamische Herrschaft. Doch erst im 16. Jahrhundert gelingt es den Moguln unter Babur, ein muslimisches Großreich auf dem Subkontinent zu schaffen. Dieses Reich hält sich bis zum frühen 18. Jahrhundert, verliert aber unter dem sechsten Mogulherrscher Aurangseb (1658 bis 1707) zusehends an Einfluss: Afghanische Eroberer, der Aufstieg der Marathen in Zentralindien und das Erstarken europäischer Eindringlinge führen zu **entscheidenden Machtveränderungen.**

Die Europäer unterhielten schon seit langer Zeit Handelsniederlassungen in Indien: Die Portugiesen kontrollierten Goa seit 1510; Franzosen, Holländer und Briten waren ebenfalls auf dem Subkontinent vertreten. **Die britische Ostindienkompanie** konnte sich schließlich gegen die europäischen und indischen

Konkurrenten um die Herrschaft durchsetzen. Im Jahr 1765 sicherte sich die Handelsgesellschaft Bengalen, im Verlauf der folgenden hundert Jahre ganz Indien, das 1858 von der Kompanie an die Krone überging. Orientierten sich die britischen Generalgouverneure im 18. Jahrhundert noch am muslimischen Herrschaftsmodell, begann im 19. Jahrhundert eine verstärkte Anglisierung des Subkontinents. Das Ziel: eine von den Briten herangebildete indische Elite, die zwischen den Europäern und der Bevölkerung als Mittler dienen sollte. Gerade diese Schicht der europäisierten Inder war es aber, die im 20. Jahrhundert die **Unabhängigkeit** des Kontinents von der europäischen Fremdherrschaft errang: Der Kampf um die Selbstbestimmung setzte mit der Gründung des Indischen Nationalkongresses 1885 ein. Großen Anteil an der Unabhängigkeitsbewegung hatte M. K. Gandhi (1869 bis 1948) mit seiner Politik des Zivilen Ungehorsams. Vom 14. auf den 15. August 1947, um Mitternacht, wurde der unabhängige Staat Indien ausgerufen. Allerdings wurde **Pakistan als islamischer Staat** vom überwiegend hinduistischen Mutterland **abgespalten.** Dieser Forderung, die die muslimische Liga schon seit 1940 vertreten hatte, konnten die Briten am Vorabend ihres Rückzugs aus Indien nichts mehr entgegensetzen. Zwischen Indien und Pakistan kam es zu einer der größten Umsiedlungsaktionen der Geschichte, bei der etwa 8,4 Millionen Menschen die Grenze wechselten und Hunderttausende starben.

In der **zweiten Hälfte des 20. Jahrhunderts** wurde Indien zunächst innenpolitisch geordnet, die französischen Besitzungen auf dem Verhandlungsweg gewonnen, die portugiesische Enklave Goa 1961 durch Waffengewalt angeeignet. Es entwickelte sich eine **parlamentarische Demokratie** mit sozialistischer Wirtschaftsplanung, die Indien während des Kalten Krieges zu einer bestimmenden Kraft der blockfreien Staaten machte. Allerdings näherte sich Indien seit 1962 der Sowjetunion an und schloss mit ihr 1971 einen Freundschaftsvertrag. Ein Grund dafür war der **Kaschmir-**

Konflikt mit Pakistan, das von den USA unterstützt wurde. Um das mehrheitlich von Moslems bewohnte Kaschmir hatten Indien und Pakistan schon 1948 einen Krieg geführt; Pakistan hielt danach etwa ein Drittel, Indien zwei Drittel besetzt. Gleichwohl erhoben beide Länder Anspruch auf das gesamte Territorium, um das sie 1965 und 1971 noch einmal offen kämpften. Während der 90er Jahre flammten in Kaschmir immer wieder Kriegshandlungen auf. Für Pakistan stand in diesem Konflikt nicht weniger auf dem Spiel als die eigene Staatsidee – das Recht auf Selbstbestimmung und die Zusammengehörigkeit aller Moslems Südasiens. Indien hingegen sah in seinem Teil Kaschmirs, dem einzigen Bundesstaat mit muslimischer Mehrheit, einen wichtigen Beweis für die einende Kraft der Indischen Union. Lange Zeit waren die politischen Positionen festgefahren, schien der Kaschmir-Konflikt unlösbar. Allerdings mehrten sich auch Stimmen, die Frieden forderten und auf die horrenden Kosten des Konflikts für beide Länder hinwiesen. Im Januar 2004 verabredeten der indische Ministerpräsident Vajpayee und der pakistanische Präsident General Musharraf einen dauerhaften Dialog; im Februar trafen sich erstmals offizielle Delegationen beider Seiten. Anfang des 21. Jahrhunderts scheint eine Lösung des Kaschmir-Konflikts endlich möglich.

Land und Leute

Sprachen

In Indien gibt es 16 offiziell anerkannte Sprachen und unzählige Dialekte. Staatssprachen sind Hindi und Englisch.

Da Englisch vom Norden bis in den Süden fast überall verstanden wird, halte ich es für wenig nützlich, einen Hindi-Sprachführer mitzuschleppen, denn was hilft es Ihnen, wenn Sie Ihre Frage einigermaßen verständlich auf Hindi herausgebracht haben, sich alle Beteiligten freuen, die Inder in einem Wortschwall antworten

– und Sie kein bisschen davon verstehen (die Übersetzung der Antwort steht leider nie im Wörterbuch).

Sollte es Sie aber in wirklich abgelegene Gegenden verschlagen, dann empfehle ich Ihnen: Rainer Krack, *Kauderwelsch, Hindi Wort für Wort*, Reise Know-How, 2003.

Ein Blick in indische Kochtöpfe

Die indische Küche ist sehr vielseitig und hat eine große Auswahl an regionalen Spezialitäten. Das Wort »Curry« zum Beispiel ist die englische Ableitung des indischen *kari,* das eine Gewürzsoße bezeichnet, die sich aus mehreren Gewürzen zusammensetzt: Kurkuma, Kardamom, Ingwer, Koriander, Muskatnuss und Mohnsamen sind einige davon. Diese Currysoße findet scheinbar endlose Verwendungsmöglichkeiten – vom *rogan josh* (Lamm-Curry) bis *mailai* (Steingarnelen-Curry mit Kokosnuss). Zu den Fleischgerichten gehören *gushtaba* (würzige Fleischbällchen in Joghurt) und *biriyani* (Hähnchen oder Lamm mit Orangenreis). Besonders bekannt ist auch die Tandoori-Küche. Ihre Spezialitäten: Hähnchen, Fleisch oder Fisch in Kräutern mariniert und in einem Tonofen gebacken. Auch Vegetarier kommen bei *dal* (Linsengericht), *vegetable cutlets* (Gemüse-Brätlingen) und *masala dosas* (Teigtaschen mit Reis- und Gemüsefüllung) auf ihre Kosten. Als Nachtisch können Sie dann unter anderem auf *kulfi* (indische Eiscreme), *rasgullas* (Käsecremebällchen mit Rosenwasser) oder *jalebi* (in Sirup getränkte Krapfen) zurückgreifen. Das beliebteste Getränk in Indien ist der Tee, der in großen Töpfen zusammen mit Gewürzen, Milch und Zucker aufgekocht wird. Nach dem Essen kauen viele Inder *pan,* ein Betelblatt, in das Gewürze wie Anis und Kardamom eingewickelt werden und das als gutes Verdauungsmittel gilt. Sollten Sie auf jeden Fall mal probieren!

Überlegungen zum Begriff »Bakschisch«

Bakschisch ist mehr als ein bloßes Geben von Almosen. Bakschisch ist Teil der indischen Philosophie, die sich auf die praktischen Seiten des Alltags spezialisiert hat: Der Inder hat etwas, was der Ausländer braucht, und der Ausländer besitzt etwas, was der Inder haben möchte. So eröffnet Bakschisch ungeahnte Möglichkeiten: Für ein paar Rupien, die dezent den Besitzer wechseln, findet der Bahnbeamte überraschenderweise doch noch ein Bett in dem vorher ausgebuchten Schlafwagen. Ein billiger Solartaschenrechner zaubert ein Lächeln auf die erst so düstere Miene des Hotelbesitzers: »Ich hab' noch mal nachgeschaut, und zufällig ist da heute Morgen ein kleines Zimmer frei geworden...« Und bitte bedenken Sie: Hierbei handelt es sich keineswegs um Bestechung! Oh, nein! Es ist eher so, als wenn Sie mit einem guten Freund Geschenke austauschten. Als Bakschisch, das Ihnen oft in den unmöglichsten Situationen Tür und Tor öffnet, können Sie neben den bereits genannten Sachen auch T-Shirts mit nach Indien nehmen, Kugelschreiber, Postkarten Ihrer Heimatstadt, Zigaretten, Einwegfeuerzeuge und billige Walkmen. Dies ist kein hinausgeworfenes Geld. Ein Bekannter von mir hat dafür mal ein paar Tage in einem indischen Hotel gelebt. Nur eines möchte ich noch anmerken: Bakschisch wird immer diskret übergeben. Verhalten Sie sich nicht wie die amerikanische Touristin, die mit einem Fünfdollarschein wedelnd auf den Bahnbeamten zuging und ihn im Beisein von Vorgesetzten um ein Ticket in einem berstend vollen Zug bat. Die Miene des Inders gefror zu Eis, und die Amerikanerin bekam während der nächsten drei Tage überhaupt keine Zugfahrkarte.

Buchtipps

Shashi Tharoor: *Indien. Zwischen Mythos und Moderne,* Insel Verlag, 2000. – Ein subjektives, aber sehr fundiert geschriebenes Landesporträt, das wesentlich zum Verständnis des modernen Indien beiträgt. Tharoor ist Assistent des UN-Generalsekretärs Kofi Annan.

Edda Neumann-Adrian, Johann Scheibner: *Indien,* C. J. Bucher Verlag, 2000. – Ein schöner Bildband, der Lust macht, das Land sofort zu besuchen. Mit vielen Infos und Exkursen über die indischen Kulturen, vom Alltagsleben über Heilkünste bis zu Musik, Festen und Tanz.

Boris Potschka, Peter Pannke: *Indien - Fest der Farben,* Frederking & Thaler Verlag, 2002. – Ein Bildband über Indiens unglaubliche Farbenpracht. Von Potschka in zauberhafte Fotos gebannt, werden die Farben von Pannke in ihrer Bedeutung für die Inder erklärt.

Camellia Panjabi: *Indische Currys,* Christian Verlag, 2003. – Dieses großartige Kochbuch hilft, sich schon zu Hause kulinarisch auf Indien einzustimmen. Fünfzig Curry-Rezepte aus allen Teilen des Landes sowie Chutneys und Desserts hat die ehemalige Verkaufsmanagerin des Taj Mahal Hotels in Bombay dafür zusammengestellt – die Lieblingsgerichte von professionellen Köchen und einfachen Hausfrauen. Eine »Philosophie der indischen Küche« und eine Gewürz- und Kräuterkunde runden den Band ab.

NATIONAL GEOGRAPHIC TASCHENBÜCHER
VON FREDERKING & THALER

IM BLICKPUNKT ASIEN

Maria Coffey
Mond über Vietnam
Streifzüge mit Boot und Fahrrad
ISBN 3-89405-166-3

Vom Mekong-Delta im Süden bis zum Roten
Fluss im Norden bereist Maria Coffey drei
Monate lang vor allem die Küste Vietnams.
Tradition und Moderne, Kriegstrauma und
Alltag: die sensible Schilderung eines Landes
im Umbruch.

Judy Schultz
Im Land des Himmelsdrachen
Impressionen aus China
ISBN 3-89405-170-1

Wohl wenige Länder haben sich in den letz-
ten 20 Jahren so gewandelt wie China. Judy
Schultz erfasst diese Zeitspanne in mehreren
Reisen. Genau beobachtend und mit offenem
Sinn, muss sie immer wieder feststellen: die
Realität ist anders als ihre Vorstellungen.

Josie Dew
Tour de Nippon
Mit dem Fahrrad allein durch Japan
ISBN 3-89405-174-4

Josie Dew ist nicht unterzukriegen: Seit
Jahren radelt die Engländerin durch die Welt
und berichtet davon auf humorvolle Weise.
Diesmal erkundet sie Japan – und ihre
Schilderungen von Land und Leuten sind so
spannend wie ihre Reiseerlebnisse.

So spannend wie die Welt.

NATIONAL
GEOGRAPHIC
FREDERKING & THALER